CHRISTOPHE COLOMB

ET

L'UNIVERSITÉ DE SALAMANQUE

Traduit de l'Espagnol

PAR

J. G. MAGNABAL

AGRÉGÉ DE L'UNIVERSITÉ,
MEMBRE CORRESPONDANT DES ACADÉMIES ROYALE ESPAGNOLE,
ROYALE D'HISTOIRE DE MADRID
ET DES BELLES LETTRES DE SÉVILLE

PARIS
ERNEST LEROUX, ÉDITEUR
28, RUE BONAPARTE, 28

—

1892

Christophe Colomb

ET

L'UNIVERSITÉ DE SALAMANQUE

CHRISTOPHE COLOMB

ET

L'UNIVERSITÉ DE SALAMANQUE

Traduit de l'Espagnol

PAR

J. G. MAGNABAL

AGRÉGÉ DE L'UNIVERSITÉ,
MEMBRE CORRESPONDANT DES ACADÉMIES ROYALE ESPAGNOLE,
ROYALE D'HISTOIRE DE MADRID
ET DES BELLES LETTRES DE SÉVILLE

PARIS
ERNEST LEROUX, ÉDITEUR
28, RUE BONAPARTE, 28

1892

AVANT-PROPOS

Dans une conférence faite à l'Athénée de Madrid et portant pour titre *Colomb et les Rois Catholiques*, le Sr Marqués de Hoyos dit qu'il passera légèrement sur les faits connus et qu'il ne s'attachera qu'aux points controversés, qu'à ceux qui constituent, suivant le Sr Fernandez Duro, la *Nebulosa de Colon*.

C'est un de ces points et un des plus importants que les lecteurs de ce petit volume trouveront élucidé. L'Université de Salamanque fit-elle un bon ou un mauvais accueil à Christophe Colomb ? Telle est la question restée sans solution, puisque, tranchée affirmativement par les uns, elle l'était négativement par d'autres qui infligeaient par là une indigne flétrissure à la plus ancienne et la plus célèbre des Universités espagnoles. Les deux Mémoires ici traduits répondent aux détracteurs de cette illustre École et réfutent les erreurs répandues par divers historiens étrangers, Washington-Irving, Willam Prescott, César Cantú, Roselly de Lorgues.

L'auteur du premier Mémoire, Domingo Doncel y Ordaz, bibliothécaire de l'Université de Salamanque, avait publié son travail dès 1858 ; il l'a revu et corrigé dans la nouvelle édition de 1881, mais il n'a pas apporté de changement notable pour le fond ni la forme de la composition, l'exposé des raisonnements, la réfutation des erreurs et la solidité des conclusions. Après avoir consacré quelques pages intéressantes, pour établir l'antiquité et la haute renommée de l'Université de Salamanque, il recherche l'origine de l'opinion si répandue que cette Université, ses maîtres, professeurs et docteurs firent un mauvais accueil à Christophe Colomb, le traitèrent de visionnaire et regardèrent comme impossible la réalisation de son projet. Il prouve d'une manière irréfutable, avec textes à l'appui, par quelle suite de fausses interprétations, Washington Irving a été amené à répandre, le premier, un erreur qu'ont répétée, divulguée et propagée après lui William Prescott, César Cantú et même des écrivains compatriotes. Il démontre que rien n'établit que le projet de Colomb ait été soumis d'office à l'examen de l'Université de Salamanque et qu'aux conférences du couvent de Saint-Etienne, auxquelles assistèrent les hommes les plus célèbres de l'Ecole, la majorité, ou pour le moins une partie très respectable de l'assemblée, adopta les théories et approuva le projet de marin génois. Par ses conclusions, il dégage l'illustre Université de Salamanque de la note d'infamie que des écrivains erronés n'ont pas hésité à lui infliger contrairement à toute vérité historique.

L'auteur du second Mémoire que l'obligeance du Recteur actuel de l'Université de Salamanque l'illustrissime S[r], Mamés Esperabé Lozano, a bien voulu nous communiquer, le Docteur Modesto Falcon y Ozcoidi, professeur titulaire de la faculté de Droit, reprend un à un les écrivains déjà mentionnés, l'américain Washington Irving, l'anglais William Prescott, l'italien César Cantú et y ajoute le français Roselly de Lorgues qui a popularisé, dit-il, l'erreur en question, en lui donnant des formes et un style dramatiques.

Avec une dialectique plus serrée, il établit d'abord que l'Université de Salamanque ne fut consultée, en tant que corps scientifique, ni officiellement ni particulièrement, sur les voyages projetés de Christophe Colomb, et qu'elle ne formula, par conséquent, aucun avis ni favorable ni contraire, sur les dits projets. Il affirme de plus que les célèbres conférences tenues par Christophe Colomb à Salamanque, conférences ridiculement décrites par des écrivains étrangers et plus ridiculement représentées dans des gravures et des peintures, n'ont jamais été des conférences officielles et publiques telles qu'on les suppose ; qu'elles n'eurent pas plus d'importance que celle qu'on accorde aux conférences tenues peu de temps avant à Cordoue, et à celles qui eurent lieu quelque temps après à Séville.

Il se fonde sur les curieux et érudits travaux publiés à ce sujet, pour entreprendre la noble tâche de venger l'Ecole de Salamanque de l'outrage que lui infligent des écrivains étrangers, émules, si non jaloux des gloires de l'Espagne.

Après quelques détails sur l'arrivée de Colomb en Espagne, au couvent de la Rabida, sur l'accueil qu'il y reçut de Fr. Juan Perez de Marchena, accueil confirmé par l'intéressante déclaration du médecin du Port de Palos, Garcia Hernandez, et sur l'équivoque à laquelle plusieurs historiens se sont laissé prendre, appliquant au roi de Castille des mots de cette déclaration qui se rapportent au roi du Portugal, il discute certaines opinions d'Irving et les montre toute un peu suspectes; prouve que la relation de cet historien touchant les rapports de Colomb avec la Cour n'est fondée sur aucun document et manque même de vraisemblance.

Le Docteur Modesto Falcon suit Colomb voyageant avec la Cour à Cordoue et à Salamanque; à Cordoue, où Fr. Diego de Deza l'entendit et devint un partisan résolu des projets du génois. Par le Fr. Diego de Deza nous sommes conduits aux conférences du couvent des dominicains de Saint-Étienne, conférences qu'aucun des historiens cités, et ils sont nombreux, n'ont jamais considérées comme officielles, à l'exception de Washington Irving et de ses imitateurs.

De la lecture des explications données par l'auteur de notre Mémoire, on déduit logiquement que l'Université de Salamanque n'a été en aucun temps consultée sur les projets de Colomb et que les conférences que cet illustre marin tint au couvent des dominicains de Saint-Etienne furent des conférences confidentielles.

Si leur existence ne peut être mise en doute parce que la raison et le bon sens confirment l'histoire et la tradition, il est, ajoute notre auteur, une chose que ne confirment ni la tradition ni le bon sens, ce sont les fables ridicules inventées par Irving et par Roselly pour les lancer comme un opprobre sur le nom toujours glorieux de l'illustre École de Salamanque.

Suit la description donnée par eux de la salle des conférences qui fait monter involontairement le rire aux lèvres par leur fausseté et leur anachronisme ; suit une longue et probante réfutation de Washington Irving, qui s'est fait dans cette occasion l'écho d'indignes trivialités.

Le français Roselly de Lorgues a fait beaucoup plus encore, dit le Docteur Modesto Falcon, et il assure que chaque parole de cet écrivain contient une erreur insigne ou une vile calomnie. Je renvoie aux pages où sont relevées ce que notre auteur appelle les bévues incroyables qui émaillent l'œuvre de ce français, à l'imagination duquel rien n'est impossible.

Le point capital résultant de la lecture de ces deux Mémoires, le point que nous tenons le plus à faire ressortir, c'est l'absolution complète de l'Université de Salamanque, du reproche d'avoir dans des conférences officielles auxquelles elle aurait été appelée, sciemment repoussé les projets de Christophe Colomb. Le contraire est nettement démontré.

Des conférences officielles ? Oui, il y en eut, mais ce sont celles dont les Rois chargèrent Fray Hernando de Talavera. Elles se tinrent à Cordoue, sous la présidence de ce confesseur des Rois, homme austère et droit, bon et conciliateur, mais dominé par une idée fixe, la fin de la lutte séculaire contre les mahométans, envahisseurs de la Péninsule. A ses yeux, toute dépense qui ne devait pas concourir à la réalisation de ses vues patriotiques était une dépense excessive. Aussi, comme le Prieur du Prado n'était pas un homme de demi mesures, il se déclara sans ambages l'ennemi d'une entreprise qu'il regardait comme une distraction dangereuse pour la marche de la politique. Dès lors il composa la Junte de Cordoue de personnes de son choix, y fit prévaloir ses opinions et il ne lui fut pas difficile d'imposer la déclaration que les offres de l'étranger étaient vaines et méritaient d'être repoussées.

Heureusement que ce jéronimite, nommé évêque d'Avila, visitait son diocèse, quand eurent lieu ensuite, vers la fin de 1486, les conférences de Salamanque, conférences purement officieuses, bien qu'avec l'assentiment de Leurs Altesses Royales. Ce fut le célèbre dominicain, Fr. Diégo de Deza, gouverneur du prince D. Juan, grand ami et protecteur de Colomb, Prieur du grand couvent de Saint-Etienne de Salamanque et professeur de Prime dans sa célèbre Université, qui provoqua et dirigea ces dernières. Ce futur archevêque de Séville était un homme d'un savoir supérieur, d'une influence des plus puissantes, et opiniâtre autant que le Prieur du Prado. Dès ce moment l'opposition des partisans de Talavera s'affaiblit. Malgré leurs intrigues et leurs attaques, Colomb put se faire entendre des savants docteurs, exposer devant des personnes doctes et impartiales ses théories transcendantes et attirer à ses opinions la majorité qui déclara que Colomb disait la vérité et rendit ainsi justice à l'illustre navigateur.

L'effet de cette décision fut des plus grands, nous dit le Sr Marqués de Hoyos, et les résultats s'en firent promptement sentir. Colomb avait été congédié avec plus ou moins de courtoisie, après les conférences de Cordoue ; après celles de Salamanque et en vertu des avis favorables de l'illustre assemblée qui certifia ce que « le sujet avait de certitude et d'importance, » le futur Almirante fut appelé au service des Rois, et il resta à côté d'eux, durant la campagne contre les

Mores, attendant la fin de cet acte dernier et décisif pour l'unité de l'Espagne.

Nos lecteurs ne nous sauront pas, croyons-nous, mauvais gré d'avoir ajouté les quelques lignes qui précèdent sur la distinction à établir entre les conférences de Cordoue et celles de Salamanque, sur le caractère des deux personnages qui les ont présidées et dirigées et sur l'influence que l'un et l'autre ont exercée pour le résultat àobtenir.

Ils ne nous sauront pas non plus mauvais gré, espérons-le aussi, d'avoir répondu, par la traduction de ces deux Mémoires, au vœu émis par Luis Vidart, dans l'almanach de *l'Illustration espagnole et américaine de 1889*. Cet écrivain a consacré de longues colonnes à une intéressante biographie de Christophe Colomb, et parlant de la convenance qu'il y aurait à profiter de la commémoration du quatrième centenaire de la découverte de l'Amérique, pour éclaircir certains points douteux de la biographie de Colomb, il dit: « Dn Tomas Rodriguez Pinilla, dans son livre sur *Colon en España*, a soutenu, contre l'avis de la plus grande partie des historiens, que l'Université de Salamanque n'émit aucun avis défavorable aux projets maritimes de Colomb. Voilà un autre point qui devrait s'élucider dans les monographies qui concourraient pour le prix, dans un concours ouvert à l'occasion dudit centenaire. » Si notre traduction lui tombe entre les mains, il verra que deux de ses compatriotes avait déjà répandu sur ce point une vive lumière et résolu la question par des preuves ne laissant plus aucun doute.

Dans tous les cas, pour nous, espagnolisant en France, il nous restera la satisfaction d'avoir contribué à divulguer le redressement d'une erreur historique trop accréditée et d'apporter ainsi notre petite pierre au magnifique monument littéraire que l'Espagne élève à Christophe Colomb, en commémoration du quatrième centenaire de la découverte du Nouveau Monde.

J. G. MAGNABAL.

Clamart, ce 30 août 1892.

Christophe Colomb

ET L'UNIVERSITÉ DE SALAMANQUE

> In historia veritas observatur ; in poesia omnia ad delectationem spectant.
>
> (CICÉRON, lib. I, *De legibus*).

C'est une habitude qui se fait déjà vieille chez beaucoup d'écrivains de ce siècle et qui consiste dans le dessein peu louable de calomnier l'immortelle École de Salamanque. Tantôt on nie son antiquité, tantôt on diminue les innombrables services qu'elle a rendus aux sciences et à la civilisation, tantôt, enfin, on essaye d'éclipser l'éclat dont son nom rayonne dans toutes les régions de la terre. Ce désir qui n'a en vérité rien d'enviable ni de patriotique, se traduit en outre, d'ordinaire, depuis plusieurs années, en *faits* hautement préjudiciables, non pas au crédit, ce n'est pas possible, mais à l'état actuel et à l'avenir de la célèbre Université de Salamanque. De là sont nécessairement venues des erreurs, des appréciations historiques de plus ou moins de valeur, selon leur diverse provenance, mais que nous ne pouvons-nous empêcher de réfuter, en honneur de l'illustre École de notre patrie, école dont la gloire immaculée est bien au-dessus des misérables intérêts de localité et des orgueilleux élans du népotisme adulé et satisfait, gloire qui brille dans des régions trop hautes pour que les traits empoisonnés de la médisance et de l'envie puissent jamais l'atteindre.

Quant à l'origine de ce premier établissement littéraire de l'Espagne, nous nous appuierons sur très peu d'autorités, quoique nous en ayons à l'excès, puisque l'Université possède dans ses vieilles et riches archives, comme la première, un document irrécusable, écrit sur parchemin, qui n'est rien moins que l'original de la Royale cédule, expédiée par le Saint roi Don Ferdinand, le 16 avril 1243 ; elle confirme la fondation de l'Université, faite par son père, et donne plus de force à ses privilèges. Voici ce document si important auquel nous nous référons et dont nous garantissons l'exactitude : « Conoscida cosa sea á todos cuantos esta carta vieren como jo Don Ferrando por la gracia de Dios Rey de Castiella é de Toledo é de Leon é de Gallizia y de Cordova, Por que entiendo que es pro de myo Regno é de mi tierra, otorgo é mando que aya escuelas en Salamanca é mando que todos aquellos que hy quisieren venir á leer que vengan seguramiente, é jo recibo en mi comienda é en myo defendimiento á los maestro é á los escolares que hy vinieren, é á sus omes é á sus cosas cuantas que hy troxieren, e quiero e mando que aquellas costumbres e aquellos fueros que ovieron los escolares en Salamanca en tiempo de mio padre quando establescio hy las escuelas tambien en casas como en las otras cosas, que essas costumbres e essos fueros ayan, e ninguno que les ficiese tuerto nin fuerza nin demas á ellos nin á sus omes nin á sus cosas, avrie mi ira e pechar my e en coto mill morabetinos e á ellos el daño duplado. Otro si mando que los escolares vivan en paz e cuerdamiente de guisa que non fagan tuerto nin demas á los de la Villa e cada cosa que acaezca de contienda o de pelea entre los escolares ó entre los de la villa e los escolares que estos que son nombrados en está mi carta lo ayan de veer e de enderezar, el Obispo de Salamanca e el Dean e el Prior de los predicadores, e el guardiano de los descalzos, e D. Rodrigo, e Pedro Guigelmo, e Garcia Gomez, e Pedro Vellido e Ferrand Sanchez de Porto-Carrero, e Pedro Muñiz calónigo de Leon e Migael Perez calonigo de Lamego e á los escolares á los de la Villa mando que esten por lo que estos mandaren. Facta carta apud Vallisoltum Regia parte.

Era VII. die Aprilis MCCLXXX. prima [1].

L'authenticité de ce précieux document nous dispense de produire plus de preuves à ce sujet, puisque cette date confirmant la fondation de l'Université de Salamanque, il est hors de doute que cette Université existaït dès le règne d'Alphonse IX de Léon. Cette dernière date extrême se justifie en outre, non seulement par le témoignage de tous les historiens de Salamanque et de l'Université, mais encore par l'inscription qu'on lit dansle cloître des *Écoles Mayores*, mille fois reproduite dans des livres et des périodiques et dont voici la teneur :

Anno Domini MCC.

Alfonsus Octavus Castellæ Rex Palentiæ Universitatem erexit : cujus æmulatione Alfonsus nonus Legionis Rex Salmanticæ itidem Academiam

[1] 1243 de notre Ère.

constituit. Illa defecit, deficientibus stipendiis. Hæc vero in dies floruit, favente præcipue Alfonso Rege decimo, a quo, accitis hujus Academiæ viris, et Patriæ leges, et Astronomiæ tabulæ demum conditæ.

Ferdinand III ayant été élevé au trône de Castille, le premier juillet de 1207, suivant les uns, en août, suivant d'autres, on en déduit avec assez de fondement que son père, Don Alphonse IX de Léon avait érigé l'étude de Salamanque dans la seconde moitié du XIIe siècle, puisqu'il régna de 1188 jusqu'en 1231, période dans laquelle on peut comprendre une date antérieure à 1200, pour la fondation définitive de l'Université [1]. Ses premières études s'étaient établies, au siècle précédent, dans la cathédrale où l'on reconnaissait

1 Pedro Chacon : « *Histoire de l'Université de Salamanque* » dans le Semanario erudito de Valladares, 1789, t. XVIII. — Ortez de Zuñiga : « *Annales ecclésiastiques de Séville* » page 46, Séville, 1677. — « *Constitutions apostoliques et statuts de la très insigne Université de Salamanque.* » Salamanque, 1625. — Histoire de la même Université contenue dans le lumineux rapport sur le plan d'études présenté aux Cortès en 1814 page 1re, Salamanque, 1820. — Toutes ces autorités et d'autres que nous avons vues affirment que cette Université se fonda sur *la fin* du XIIe siècle, *vers* l'année 1200. C'est pour cela sans doute que l'érudit Fernan Perez de Oliva, en écrivant l'inscription, fixa la date ci-dessus pour ne pas donner une date indéterminée.

déjà, en 1179, la dignité de *Maestre-escuelas*, titre qui désigna d'abord un maître, et plus tard le chef immédiat qui présidait les autres maîtres et gouvernait le corps enseignant, comme délégué de l'évêque et du chapitre [1]. Sur ce point le respectable Mariana, suivant d'autres historiens, tombe dans un erreur très remarquable, erreur qu'ont corrigée ses compilateurs et ses continuateurs, lorsqu'il suppose que l'Université de Palencia se transféra à Salamanque [2], erreur qu'ont copiée depuis d'autres auteurs nationaux et étrangers.

Don Rafael de Floranes, critique de beaucoup d'érudition, dans un ouvrage qu'il écrivit en 1795, sous le titre de *Origen de los estudios de Castilla* [3], traite ce point avec beaucoup de grâce, d'étendue et de lucidité ; réfutant victorieusement l'erreur de la translation ; il établit les propositions suivantes : « Que Don Alphonse VIII de Castille n'institua pas les études de Palencia, ni Alphonse IX de Léon, son cousin, ceux de Salamanque, ni Don Alphonse IX, ni le pape Clé-

[1] « *Reseña historica de l'Université de Salamanque* » page 18. — Salamanque, 1849.

[2] « *Histoire générale d'Espagne* » liv. XIII, chap. 1.

[3] « *Collection de documents inédits sur l'histoire d'Espagne,* » tome XX.

ment VI, ceux de Valladolid, ni le cardinal Ximenez, ceux d'Alcalá, mais que chacun *augmenta* les siens. Que toutes ces études se trouvaient *déjà fondées et étaient plus anciennes* ; qu'elles avaient été commencées, dès leur principe, par des ecclésiastiques ; qu'elles avaient passé à des séculiers avec le temps, comme beaucoup d'autres de la nation et du monde. » C'est une exposition extrêmement divertissante et curieuse que celle que ce critique fait des contradictions infinies et des erreurs graves dans lesquelles tombent des auteurs très célèbres traitant le point de la supposée translation à Salamanque de l'Université de Palencia ; il prouve de la manière la plus concluante comment s'écrit d'ordinaire l'histoire, comment se propagent les erreurs les plus absurbes, les fables les plus invraisemblables et les plus ridicules [1].

Quant aux éminents services que l'Université de Salamanque rendit, dès ses premières années, aux sciences, aux lettres et à la civilisation, nous ne voulons pas écrire son histoire, ni exposer, par conséquent, tous ses glorieux titres à la con-

[1] Sur ce point on peut aussi consulter une autre étude historique de l'auteur de ce Mémoire, ayant pour titre : *Origine et fondation de l'Université de Salamanque*, publiée dans la *Revista de España*, tom. XV, nº 58 (25 juillet 1870).

sidération du monde et à la reconnaissance des peuples : elle est écrite par des plumes plus autorisée que la nôtre, elle est gravée par la tradition dans toutes les mémoires, et solennellement enregistrée dans les annales espagnoles, comme un de ses titres les plus hauts et les plus mérités.

L'Université de Salamanque, une des plus anciennes du monde, était déjà très célèbre, au premier siècle de sa fondation. Avec son caractère d'européenne, une riche et abondante doctrine jaillissait dans son intérieur et, à l'exterieur, il n'y eut pas un fait important sur lequel son vote ne pesât grandement. C'est elle qui rédigeait les Partidas et les tables astronomiques du roi *Sabio* ; c'est elle qui attirait, dans son sein, de l'Espagne et de l'étranger, une jeunesse nombreuse et choisie ; c'est elle que le concile de Vienne déclarait la seconde des quatre plus célèbres Universités du monde. Sur leur demande, elle donnait des maîtres à la Sorbonne, à Bologne, à Coimbre, et rois et pontifes la consultaient sur la meilleure décision à prendre dans de hautes et transcendantes questions ; elle recevait des ambassades et des présents des souverains de pays les plus eloignés, elle avait la prépondérance dans les Conciles de Constance, de Bâle, de Trente et, par ses conseils, elle influait par la persuasion et les actes de ses enfants sur la découverte d'abord et ensuite sur la conquête et la civilisation du Nouveau Monde. C'est elle qui, la première et mieux que toute autre corporation, représentait la pensée nationale aux xve et xvie siècle, quand l'Espagne dirigeait la marche de la civilisation en Europe; elle qui, en même temps que Galilée, était persécuté pour son adhésion au système de Copernic, soutenait avec fermeté son enseignement et ordonnait, par statut, son explication, au cours de la seconde année de mathématiques, sciences qui arrivèrent à Salamanque, dans ce siècle, à une hauteur et à une étendue très grande; c'est elle qui, dans la décadence des lettres au xviie siècle et dans une partie du xviiie, conserva le mieux la discipline, et réclama sans cesse des lois pour mettre un terme aux abus et restaurer les sciences; c'est elle qui, dans le siècle dernier et dans le siècle présent, a salué, avant tout autre Université d'Espagne, la resplendissante aurore d'idées nouvelles et fécondes; elle qui fonda alors une grande école philosophique et restaura la littérature nationale et s'attira, par la première pensée, de haineuses et violentes persécutions; c'est enfin l'Université qui peut présenter avec orgueil l'armée la plus nombreuse de savants dans toutes les branches de la science, dans toute l'immense échelle des connaissances humaines. Telle est l'Université de Salamanque, c'est là ce que signifie son nom, c'est là et plus encore ce que représentent les *sept siècles* de sa très glorieuse existence.

Après avoir prouvé, autant que possible historiquement, l'antiquité du premier établissement littéraire de l'Espagne, et esquissé légèrement quelques-uns de ses nombreux éminents services, passons maintenant à l'analyse du grave et très injuste reproche qu'on lui adresse tous les jours, pour l'accueil supposé qu'elle fit à Christophe Colomb.

Ce reproche n'est pas, à la vérité, l'unique erreur historique qui passe comme un article de foi, reçoit la sanction des âges et le commun assentiment des savants et des érudits. Parmi ces derniers, il y a ceux qui écoutent d'ordinaire sans réserve, faute de données authentiques, les plus risibles absurdités, et embellissent de leurs artificieuses inventions ou de celles d'autrui, le récit des faits confiés à leur plume. Celui qui nous occupe qu'on nous attribue, à chaque instant, si mal à propos, et en son de triomphe, ne laisse pas d'être un conte ou une vulgarité, qui ne s'appuie heureusement sur aucune donnée historique. Inventée peut-être ou admise sans examen par des écrivains étrangers, qui, en général, défigurent toujours nos affaires, calomnieusement propagée ensuite dans des livres et des journaux, revêtue de toutes les grâces de l'éloquence et de la poésie dans des discours, des pièces de théâtre, des romances modernes, elle ne se fonde sur aucun document authentique qui la justifie, elle n'émane que de la simple assertion d'un historien qu'ont ensuite suivi quelques autres, comme nous le verrons plus loin dans le cours de notre modeste travail.

Contrairement à cette fable que l'envie et la mauvaise foi ont sans doute inventée pour jeter du discrédit sur l'Espagne et sur l'immortelle école de Salamanque, nous produirons non pas une, mais beaucoup de preuves historiques, entre les preuves infinies que nous thésaurisons. Mais avant d'entamer cette matière si délicate, il convient, à notre pensée, de consigner et d'éclairer un point important, comme base de la controverse et point de départ indispensable pour nos appréciations successives.

Dans ce siècle, les Universités étaient et elles ont surtout continué de l'être, en Espagne, jusqu'à ces dernières années, des corps complexes, se composant non seulement des maîtres et gradués de l'établissement proprement reconnu pour tel ;

mais les collèges et les couvents qui lui étaient inscrits et agrégés et qui s'y immatriculaient en bonne et due forme, constituaient un corps général de doctrine et d'enseignement, ayant autant de ramifications que d'instituts s'y rattachaient sous une pensée commune et uniforme. De là venait, par exemple, que le grand collège de Saint-Barthélemy était et s'intitulait, non pas purement et simplement le grand collège de Saint Barthélemy de Salamanque, mais le grand collège de Saint-Barthélemy de *l'Université de Salamanque ;* de même le collège militaire d'Alcantara *de l'Université de Salamanque*, l'insigne collège de Saint-Pélage *de l'Université de Salamanque*, le couvent de Saint-Etienne *de l'Université de Salamanque*, le collège de Saint-Vincent de l'ordre de Saint-Benoit *de l'Université de Salamanque*, le couvent des Carmes chaussés et déchaussés *de l'Université de Salamanque*, etc. En somme, tous ces instituts agrégés, les uns et les autres, à l'établissement universitaire, auquel les cours académiques étaient incorporés, dont des docteurs et professeurs de l'Université étaient tous, ou en majeure partie, professeurs et maîtres dans ces collèges et couvents, formaient tous, et et ne pouvaient faire moins que de former, avec les élèves des uns et des autres, une entité collective qui se désignait sous le nom de *l'Université de Salamanque.*

Mais il y avait encore plus : les couvents de Saint-Etienne, de Saint-François le Grand et d'autres occupaient dans l'Université des chaires de théologie que leur Pères maîtres devaient seuls remplir, chaires obtenues, soit par concours après des épreuves très célèbres, soit dotées par le patrimoine royal ou par quelque grand d'Espagne, ainsi qu'il arriva pour la chaire de prime et de vêpres, dotée la première par Philippe III et la seconde par le Duc de Lerme, dont les dominicains ont joui jusqu'à leur extinction. Ces derniers avaient en outre dans leur couvent de Saint-Etienne de Salamanque, comme nous le prouverons plus loin, non seulement des maîtres et des professeurs de théologie et d'arts, mais encore de mathématiques et d'art libéraux, et ils *occupaient dans l'Université les premières chaires*, suivant un chroniqueur de ce même ordre [1]. Par conséquent, de l'Université proprement dite, et de tous ces établissements qui peuplaient l'enceinte de Salamanque, sortirent, dès une haute antiquité, ces nombreuses phalanges

[1] Le Présenté Fr. Manuel José Medrano : « *Histoire de la Province d'Espagne de l'ordre des Prêcheurs,* » tome II, 2e partie, liv. VII, chap. II.

de savants dans toutes les branches de la science qui jusqu'à nos jours ont étonné le monde.

Ce dernier point prouvé d'une manière si concluante, analysons maintenant le grave et très injuste reproche adressé à l'Université de Salamanque, pour le supposé accueil défavorable qu'elle fit à Christophe Colomb.

Sur quelle donnée historique, sur quel document irrécusable s'appuie cette opinion si hasardée ? Se fonde-t-elle sur la tradition ? Mais précisément la tradition constante et non interrompue dit tout le contraire, ici, à Salamanque, qui est l'endroit où eurent lieu les célèbres conférences. Se fonde-t-elle sur les chroniqueurs des Rois Catholiques qui n'ont omis aucun fait important de leur époque ? Hernando del Pulgar, Galindez Carbajal et d'autres que nous avons consultés ne font pas mention d'une circonstance pareille. Se fonde-t-elle sur les narrateurs des choses mémorables et sur les historiens particuliers de la découverte et de la conquête des Indes, les uns contemporains de ces événements, et les autres pas très postérieurs à la chronique de Pulgar qu'ils ont suivi en grande partie, relativement aux choses de ce temps ? Pedro Martir d'Angleria, Lucio Marineo Siculo, Gonzalo de Oviedo, Herrera, Lopez de Gomara, Solis et d'autres que nous avons examinés n'attachent aucune importance à cette fable ridicule que nous combattons. Se fonde-t-elle par hasard sur les historiens généraux de l'Espagne, tels que Garibay, Mariana et d'autres ? Ils ne disent pas un seul mot qui justifie cette assertion ; aucun ne parle même des conférences, fait dont il n'est pas permis de douter, comme nous le prouverons plus loin. S'appuie-t-elle, enfin, sur quelque document inédit des archives de cette Université ? Nous les avons à dessein scrupuleusement visitées et nous n'y avons rien trouvé ayant même rapport à la venue de Colomb, encore moins qu'on ait confié d'office l'examen de son projet aux docteurs et aux professeurs de notre Ecole. Quand dans ses livres du conseil, qui commencent en 1464, nous voyons consignés des faits bien insignifiants, il est très remarquable qu'on n'y trouve pas indiqué un événement de cette grandeur et de cette importance. D'où naît donc, cette invention des historiens modernes calomnieuse en tous points, tant acceptée sans examen, et propagée avec autant de légèreté que de profusion ?

Elle naît, selon nous, d'une supposition fausse, qu'il nous est très facile de démontrer. Ferdinand Colomb, fils naturel du célèbre cosmographe, s'exprime ainsi, au chapitre XI de son *Historia del almirante*[1]. « Il vint (Colomb) en Castille, et laissant son fils, à Palos, dans un couvent appelé la Rabida, il passa à Cordoue où était la Cour, et, par son affabilité et sa douceur ; il se lia d'amitié avec les personnes qui goûtaient son projet, entre lesquelles Luis de Santángel, gentilhomme aragonais, notaire de la Razon de la Maison royale, sujet d'une grande prudence et d'une grande ca-

[1] Il l'écrivit en espagnol, Alonso de Ulloa, la traduisit en italien et elle se retraduisit en espagnol. Le livre où elle est contenue porte sur le dos : *Barcia Papeles y Relaciones de Indias, tomo 1°.* Il comprend divers opuscules ou documents, le premier desquels est celui dont il est question ; il n'a ni frontispice, ni date et sur la même page où commence le texte, on lit le titre suivant sous forme d'inscription : « La Historia de D. Fernando Colomb — en la cual se da particular y verdadera — relacion de la vida y hechos — De el Almirante D. Christoval Colon su padre y del descubrimiento — de las Indias Occidentales, llamadas, — Nuevo Mundo, que pertenece al Serenisimo Rei de España. — Que tradujo del Español en Italiano Alonso de Ulloa, y aora, por no parecer el original Español sacada del traslado Italiano. »

Le dit premier volume appartient à un certain ouvrage dont il n'y a plus qu'une édition et il passe, parmi les biographes, pour une traduction mauvaise pleine de défauts. Il se compose de 3 volumes in-folio, Madrid, 1749. Il existe dans la Bibliothèque de Saint-Isidore, sur l'index de laquelle on lit : *Gonzalez Barcia (Andrès) Historiadores primitivos de las Indias Occidentales, ilustrados con notas y con indices.*

La Historia del Almirante, traduite par Ulloa est de 1571 ; la réimpression de 1614, et la traduction française de 1680.

pacité qui entra très bien dans cette idée. Il parla au Roi sur ce que l'amiral démontrerait par raison la possibilité de son entreprise : le Roi confia l'affaire au prieur du Prado qui fut depuis archevêque de Grenade, pour que, avec les plus habiles cosmographes, il conférât avec Colomb, jusqu'à ce qu'il fussent pleinement instruits de son dessein, et qu'ils l'informassent de leur avis pour les réunir de nouveau, afin de se déterminer sur les propositions qu'il aurait faites. Le prieur du Prado obéit, mais comme ceux qu'il avait réunis étaient des ignorants, ils ne purent rien comprendre aux discours de l'amiral qui ne voulait pas *non plus s'expliquer beaucoup*, de peur qu'il ne lui arrivât ce qui lui était arrivé en Portugal. Les cosmographes dirent au roi que la tentative de Colomb était impossible, etc. » Ferdinand Colomb continue d'exposer les objections des cosmographes au projet de son père et il termine... « Ainsi donc après avoir dépensé beaucoup de temps sur cette matière, leurs Altesses répondirent à l'amiral qu'ils se trouvaient empêchés d'entrer dans de nouvelles entreprises, parce qu'ils étaient engagés dans beaucoup d'autres guerres et conquêtes, spécialement dans celle de Grenade où ils se trouvaient ; mais qu'avec le temps il se présenterait une occasion meilleure d'examiner ses propositions et de traiter de ce qu'il offrait. Et, en effet, les rois ne voulurent pas entendre les grandes promesses de l'amiral. » En preuve de la grande perte qu'a dû éprouver cette histoire par tant de traductions, que l'on compare son langage avec celui des auteurs contemporains, et l'on s'apercevra des différences les plus notables dans les tournures, les locutions, etc., etc.

C'est là l'unique chose que nous trouvons sur l'histoire en question. Mais Ferdinand Colomb ne mentionne même pas les conférences de Salamanque, il dit encore moins que l'examen des théories de son père aient été confiées à son Université. Nous ignorons à quelle édition se sera arrêté l'écrivain américain, Washington Irving, pour établir le fait que nous combattons, quoique nous supposions qu'elle est la même que celle que nous citons plus haut, puisque dans le prologue de son *Histoire de la vie et voyages de Christophe Colomb*, il avoue l'avoir écrite à Madrid et avoir consulté, entre autres, la bibliothèque de saint Isidore. Irving est donc l'inventeur, à notre jugement, de la fable que nous allons attaquer, et c'est de lui que l'ont prise les autres historiens que nous examinerons ensuite. Aucun d'eux ne dit que le projet de Colomb fut soumis à l'examen de l'Université ; ils parlent seulement d'une junte, Conseil ou Assemblée qui se réunit à Salamanque [1]. Nous sommes, par conséquent, dispensés de venir défendre son immortelle école, pour l'accueil bon ou mauvais qu'elle fit à Colomb, étant prouvé, ainsi qu'il résulte, d'une manière évidente, la fausseté d'une pareille supposition. Toutefois pour la part plus ou moins directe, plus ou moins influente ou décisive que quelques savants maîtres de notre chère Université ont prise dans les juntes précitées, et pour dissiper, une fois pour toutes, l'erreur historique qui se transmet, depuis tant d'années, nous nous proposons d'examiner ce point avec toute l'impartialité qui nous distingue.

Mais, avant tout, qu'il nous soit permis de faire mention d'un autre auteur contemporain et ami de Colomb, qui lui donna l'hospitalité chez lui, et qui est très apprécié des historiens modernes.

[1] Ferdinand Colomb, « *Historia del Almirante*, chap. II. — Washington Irving « *Histoire de la vie et voyages de Christophe Colomb* » liv. II chap. III, tom. I, p. 178, Madrid, 1833. — William H. Prescott, « *Histoire du règne des Rois catholiques* » chap. XVI, p. 179. Madrid, 1855. — César Cantù « *Histoire Universelle* » liv. XIV, ch. IV, tom IV, p. 629, Madrid, 1856. — D. Modesto Lafuente, « *Histoire générale d'Espagne*, » part. IIe, liv. IV, tom. IX, pag. 433, Madrid, 1852.

Nous faisons allusion au bachelier Andrès Bernaldez ou Bernal, connu sous la dénomination de *Cura de Palacios*, qui dit, au sujet de l'affaire qui nous occupe [1]. « Dès que Christophe Colomb vint à la cour du Roi D. Ferdinand et de la Reine Isabelle, il leur fit le récit de son imagination, à laquelle ils ne donnaient pas non plus beaucoup de crédit; et lui les raisonna, leur affirma la certitude de ce qu'il leur disait, et il leur expliqua la Mappemonde, de manière qu'il leur donna le désir d'avoir connaissance de ces terres ; et le laissant, ils appelèrent des hommes savants astrologues, et des astronomes et des hommes de la cour instruits de la cosmographie, auprès desquels ils s'informèrent; et l'opinion de *la plus grande partie d'entre eux*, après avoir entendu le raisonnement de Christophe Colomb, fut *qu'il disait la vérité*, de manière que le Roi et la Reine se fièrent à lui et lui firent donner trois vaisseaux [2]. » On voit

[1] « *Histoire des Rois Catholiques*, » chronique inédite du XVe siècle, tom. I, chap. CXIII, pag. 269 et 270, Grenade, 1856.

[2] Ne pouvant consulter d'ici quelques ouvrages des bibliothèques de la capitale, comme complément du travail que nous nous sommes imposé, notre cher et respectable ami, aujourd'hui décédé, le docteur don Juan Castelló y Tagell, ancien et très digne professeur de la Faculté de médecine à l'Université centrale, puis doyen de la même Faculté et Médecin

combien le récit de l'ami particulier de Colomb diffère de ce qu'établit son fils.

Irving déjà cité est, comme nous l'avons dit plus haut, le premier, à notre avis, qui a répandu l'erreur historique dont nous parlons. Toutefois, malgré les hautes qualités d'impartialité et d'érudition que nous reconnaissons dans l'auteur de cet ouvrage, dont le prologue indique les sources dont il fait dériver ses appréciations, il nous sera permis de transcrire ici les paroles suivantes du docte et érudit don Martin Fernandez de Navarrete que le traducteur de Irving intercalle dans le prologue [1] : « Toutefois, dit-il, après avoir fait l'éloge de l'écrivain américain, il faut espérer qu'à la lumière des nouveaux documents que nous publions et des observations auxquelles ils donneront lieu, M. Washington rectifiera des faits et des opinions, qui, pris à des sources moins pures, manquent encore de cette certitude et de cette ponctualité requises pour approcher de la perfection. « M. Irving a pu, par conséquent, se tromper et prendre à *des sources moins*

de la Real Camara, s'est donné l'ennuyeuse peine de nous aider par sa coopération, en nous fournissant d'abondants et intéressants détails qui éclairent le texte de cette composition, justifient et appuient notre opinion.

[1] Page 9.

pures le fait que nous attaquons : il a pu *laisser de rectifier* quelques détails et quelques opinions, au nombre desquelles peut être celle de l'accueil de Colomb aux conférences de Salamanque. Il y a tant d'erreurs historiques qui se rectifient tous les jours ! Il y a tant d'opinions et de détails répandus par des auteurs si accrédités dont la saine critique révèle à chaque pas l'inexactitude !

Irving raconte longuement [1] la venue de Colomb en Espagne, les premiers obstacles que son projet rencontra, l'état de guerre à cette occasion et la nomination du conseil de Salamanque. « L'intéressante conférence, dit-il, relative à la proposition de Colomb, se tint à Salamanque, grand siège espagnol des sciences, au couvent des dominicains de Saint-Étienne oú Colomb passa, logé et entretenu avec beaucoup d'hospitalité, tout le temps de l'examen. » Il analyse ensuite l'état des sciences intimement unies à la religion, le pouvoir et la prépondérance du clergé, et, après avoir dit que l'assemblée se composait de professeurs d'astronomie, de géographie, de mathématiques et d'autres branches de sciences, de quelques dignitaires de l'Église et de beaucoup de doctes religieux, il rapporte que les gens vul-

[1] Liv. II, chap. III, IV, V.

gaires avaient traité Colomb de bouffon et s'étaient moqué de ses projets, et plus bas il ajoute : « La pluralité des membres était *probablement* prévenue contre lui, comme le sont d'ordinaire les hauts employés et fonctionnaires contre les prétendants pauvres. » Il expose ensuite les opinions diverses qui prévalaient dans la réunion contraires à Colomb, et, dans un autre endroit, s'appüyant sur Remesel (Remesal) *Histoire de chiapa* liv. II, *chap.* VII, il ajoute que lorsqu'il commença à expliquer les bases de sa doctrine, seuls les frères de Saint-Etienne l'écoutèrent, parce que ce couvent possédait plus de connaissances scientifiques que le reste de l'Université. » Continuant d'exposer les objections adressées au malheureux Génois, il dit : « Mais ce sont là des preuves, non pas tant de l'imperfection particulière de cette institution, que de *l'état arriéré des sciences* au temps dont nous parlons. » C'est déjà un grand aveu en faveur de notre proposition. Il continue, toutefois, de rapporter tous les arguments qui furent opposés, puis il imprime l'impartiale appréciation suivante : « Il y en a peu, c'est probable, qui *feraient de telles observations* et ces dernières viendraient de personnes livrées à des études théologiques, retirées dans leurs cloîtres où elles n'auraient pas l'occasion de rectifier par l'expérience du siècle l'opinion erronnée des livres. *On avancerait, sans doute, des objections plus fondées et plus dignes de cette illustre Université.* Et l'on doit en justice ajouter que les répliques de Colomb *furent d'un grand poids auprès de beaucoup de ses examinateurs.* ».... « Dans le *grand nombre de ceux*, continue-t-il plus bas, que les raisonnements de Colomb *convainquirent* et que son éloquence enflamma, on compte Diego de Deza, digne et docte religieux de l'ordre de Saint-Dominique, alors professeur de théologie au couvent de Saint-Etienne[1] et depuis archevêque de Séville... Il ne fut pas, par conséquent, un spectateur passif dans cette conférence, mais prenant un généreux intérêt dans la cause de Colomb et la favorisant de toute son influence, il calma le zèle aveugle de ses collègues prévenus et put obtenir sinon une paisible, du moins une impartiale audience. *Sur leurs efforts reunis*, ils *attirèrent*, dit-on, *à leur opinion les hommes les plus profonds des écoles.* » Il parle ensuite des diverses conférences qui eurent lieu et il ajoute... « et *ceux-là même qui approuvèrent le plan, le considéraient seulement comme une vision délicieuse, pleine de probabilités*

[1] Il l'était de l'Université.

et de promesses, mais qui ne se réaliserait jamais. » Finalement, après avoir consigné que les conférences s'interrompirent en 1487, que Colomb suivit la Cour, après d'autres particularités, il conclut en ces termes... « Ce qu'il y a de certain, c'est qu'alors (1491) Fray don Fernando de Talavera donna aux Rois le rapport de cette docte corporation. Il informa Leurs Majestés que l'opinion générale de la junte était que le projet proposé était vain et impossible, qu'il ne convenait pas à de si grands princes de prendre part à de semblables entreprises, sur si peu de fondement. Quoique l'avis général de la Commission fût tel, Colomb avait néanmoins causé une *impression profonde sur l'esprit de beaucoup de ses membres éclairés*, qui le *soutenaient autant qu'il leur était possible.* »

En résumé, Irving, le plus explicite des écrivains modernes qui parlent de la venue de Colomb à Salamanque, et le plus opposé à l'opinion que nous soutenons, malgré l'appui d'autorités plus ou moins respectables qu'il cite dans son ouvrage, n'est pas très sûr de tout ce qu'il raconte, puisqu'il le fonde plus d'une fois sur des probabilités et des conjectures, comme le prouvent plusieurs des mots en italiques ; qu'il affirme formellement que les répliques de Colomb eurent un grand poids sur les membres éclairés de la junte qui restèrent convaincus par ses raisonnements. Tout cela parle si haut en faveur de notre proposition, ces conclusions sont si contradictoires avec tout ce que Irving établit dans d'autres endroits, qu'il prouve, presque d'une manière concluante, le contraire de ce que son livre se propose.

Nous avons lu avec la plus grande attention l'appendix qui le termine, comprenant des documents curieux, des éclaircissements érudits, tirés de la *Collection de Voyages* de Navarrete, et nous n'avons pas trouvé un seul document justifiant le jugement d'Irving sur la venue de Colomb à Salamanque. En parlant de Ferdinand, fils naturel de Colomb et analysant son *Histoire de l'almirante*, sur laquelle il s'appuie si souvent en traitant des conférences, il dit [1] : » Mais son œuvre la plus importante et la plus durable, c'est l'*Histoire de l'amiral* qu'il composa en espagnol. Alonso de Ulloa la traduisit en italien : et de cette traduction italienne ou plutôt de sa retraduction en espagnol, ont procédé les diverses éditions qui se sont faites dans les diverses langues. Il est singulier que l'œuvre n'existe en espagnol que dans la forme de traduction de celle d'Ulloa, *pleine d'erreurs pour les dates, les dis-*

[1] Tom IV, appendix nº D. pag. 149 et 150.

tances et la traduction des noms propres [1]. Est-ce-que dans ces deux traductions, quelques faits importants n'ont-ils pas pu s'altérer, et l'un deux être celui qui tant nous occupe ? L'*Histoire de l'almirante* sur laquelle Irving s'appuie sera-t-elle une version exacte et fidèle de la première, traduite après en italien, et remise une seconde fois en espagnol ? Sera-t-elle la même que celle que nous avons consultée, nous, alors qu'elles diffèrent tant l'une de l'autre, sur des faits aussi essentiels que ceux que nous avons rapportés ? Et si celle d'Irving est pleine d'erreurs pour les dates, les distances et l'orthographe des noms propres, ne peut-on supposer avec fondement qu'elle contient aussi d'autres erreurs plus essentielles et que l'une d'elles est celle que nous attaquons ?

Ce qui ne laisse pas d'être aussi très remarquable, comme nous l'avons dit autre part, c'est que les historiens contemporains de Colomb, qui étaient dans la capitale, quand il vint en Espagne, qui non seulement suivirent les Rois dans ces glorieux voyages, mais assistèrent à beaucoup d'événements, écrivirent des œuvres sur la dé-

[1] Lire ce qui a été dit sur cet ouvrage dans la note 1, pag. 16.

couverte des Indes, pleines de détails intéressants, ne disent rien sur le fait particulier qui nous occupe. Ni Pedro Martir de Angleria dans son ouvrage *De orbe novo*, dans ses *Décades* et dans son *Opus Epistolarium* (1530), ni Gonzalo Fernandez de Oviedo dans sa *Cronica de las Indias* (Séville 1535, Salamanque 1547) ne confirment l'opinion d'Irving, et cela, alors que suivant le témoignage de ce même auteur, Pedro Martir, en écrivant ses *Décades*, les consultait avec Colomb lui-même et ses compagnons [1], et qu'il était naturel qu'il entendît de sa bouche tout ce qu'il y avait de plus intéressant sur ce qui avait précédé la découverte du Nouveau Monde. Bernaldez n'en fait pas non plus mention dans son *Historia de los Reyes Catolicos* (MS. quand Irving la consulta, imprimée à Grenade en 1856, comme nous l'avons dit) bien qu'il ait mis à profit pour son ouvrage beaucoup des manuscrits et des journaux que Colomb laissa chez lui en 1496 [2].

D'accord avec Irving, pour le fonds du fait que nous analysons, William H. Prescott, dans son *Histoire des Rois Catholiques* [3] accompagnée, avec tant de profusion, de notes érudites,

[1] Irving tom. IV, appendix nº 27, pag. 452.
[2] Irving tom. IV, appendix nº 29, pag. 468.
[3] Cap. XVI, pag. 178, 179, Madrid, 1855.

conclut en ces termes, après avoir rapporté l'avis favorable de la junte de Salamanque... « Il y en eut *beaucoup* toutefois, dans le conseil, *trop éclairés pour pouvoir adhérer à l'opinion de la majorité*, et en outre quelques personnages des plus notables de la Cour, etc... » « Tels furent, continue-t-il, le grand Cardinal Mendoza que la vaste capacité et la connaissance du monde élevèrent au-dessus des mesquins préjugés de son ordre, et Deza, archevêque de Séville [1] dont les talents supérieurs etc. » Il est certainement très singulier que Prescott n'appuie d'aucune autorité, pas même de celle de son compatriote Irving, l'opinion que le plan de l'illustre cosmographe fut déclaré dans la junte de Salamanque, *chimérique, impraticable et basé sur des fondements très faibles.* Cette omission notable ne nous cause pas peu de surprise, quand on voit qu'il cherche à justifier des faits d'un caractère et d'une importance bien moindre dans les notes, par de respectables et abondants témoignages. C'est là le défaut de tous les auteurs que nous examinons, en arrivant à ce point de notre controverse, fait qui, s'il ne prouvait autre chose, nous convaincrait de plus en plus qu'ils ont

[1] Il ne l'était pas encore quand il appuya Colomb.

tous suivi Irving sur la manière d'apprécier la venue de Colomb à Salamanque. Analysons maintenant deux autres respectables auteurs, avec la même impartialité dont nous donnons tant de preuves.

Le célèbre César Cantú dit relativement à notre affaire [1]... « La conférence eut lieu chez les dominicains de Salamanque ; y assistèrent les professeurs de Sciences et de Théologie, et quoiqu'il n'y eût pas de préjugé qui ne se déclarât contre Colomb, *quoiqu'il n'expliquât pas, lui, sa pensée d'une manière étendue de peur de la voir de nouveau usurpée,* BEAUCOUP *opinèrent qu'il était quelque chose de plus qu'un rêveur. Mais si* ELLE NE FUT PAS REPOUSSÉE, rien ne lui valut en échange de la soutenir. La guerre de Malaga absorbait, etc. »

L'opinion que Colomb n'exposa pas dans les conférences toute sa pensée, Cantú l'appuie, suivant la note deux de la même page, sur ce que le fils de Colomb et Herrera dans ses Décades l'attestent ainsi, quoique sans citer l'endroit. Mais en admettant même ce témoignage comme une donnée irrécusable, elle parle précisément

[1] « *Histoire universelle,* » Lib. XIV, ch. IV, tom. IV, pag. 628, col. 2.

contre la supposition que nous attaquons, et cela pour plusieurs raisons : la première, c'est que si Colomb, comme il l'assure, *n'expliqua pas sa pensée d'une manière étendue*, le doute naissait dans l'esprit de ceux qui l'écoutaient, et il était logique et naturel qu'ils ne pussent le bien comprendre, puisqu'il ne développait pas son projet d'une manière satisfaisante et complète ; la seconde, c'est que si, même sans cette explication complète de son système, BEAUCOUP de membres de la junte opinèrent, au dire de Cantú, que Colomb était *quelque chose de plus qu'un rêveur et ne fût pas désapprouvé*, cela justifie complètement le procédé des maîtres de Salamanque qui assistèrent aux conférences et leur attire la gloire d'avoir compris et approuvé sa pensée gigantesque. La troisième, c'est que ces derniers points si importants étant prouvés, l'Université de Salamanque, si on lui avait soumis directement à elle, ce qui n'est pas constant, l'examen de la théorie de Colomb, loin d'offrir au monde l'ignorance et l'arriéré que les écrivains étrangers lui supposent, est librement absoute de la note d'infamie par laquelle les ennemis de sa gloire cherchent vainement à la flétrir, avec autant de légèreté que de fausseté et d'injustice notoires.

Mais l'illustre auteur de l'*Histoire universelle*,

insère dans la même colonne une note, la troisième, importante et décisive pour notre proposition : « les dominicains, dit-il, le défendirent, et Colomb écrivit que *Leurs Altesses devaient les Indes grâces à Diego de la Doza* (il voulait dire Deza) professeur de théologie qui soutint ses affirmations. » Le texte littéral de cette note nous dispense de continuer d'attaquer César Cantú. Il est d'accord avec toutes les données historiques que nous exposerons plus loin et il jette plus de lumière qu'on ne croit sur ce débat que nous n'avons pas provoqué.

Le premier de nos historiens contemporains, l'érudit Modesto Lafuente, personne que nous estimons, depuis plusieurs années et à divers titres, suivant en ce qu'ils ont de plus essentiel, les auteurs déjà cités, caractérise par de maîtres coups de pinceau, dignes de sa célébrité méritée, l'époque mémorable où Christophe Colomb se présenta aux Rois Catholiques [1]... « Tous deux, dit-il, écoutèrent Colomb avec bienveillance : mais il s'agissait d'un projet qui demandait des connaissances scientifiques et spéciales, et ils voulurent le soumettre à l'examen d'une assemblée d'hommes éclairés qui décidèrent de se ré-

[1] Partie XI, liv. IV, tom. IX, pag. 433 et suivantes.

unir, à Salamanque, sous la présidence de Fray Fernando de Talavera. Bien qu'on eût nommé pour ce conseil des professeurs de géographie, d'astronomie et de mathématiques, la plus grande partie étaient des dignitaires de l'Eglise et de doctes religieux qui regardaient avec défiance et incrédulité toute idée qui n'était pas en rapport avec leur savoir limité et leurs doctrines routinières, et il *était dangereux de soutenir des théories qui pouvaient paraître suspectes à l'inquisition récemment établie.* Aussi arriva-t-il qu'au lieu d'examiner le projet de Colomb scientifiquement dans la junte du couvent de Saint-Etienne de Salamanque, à peine fit-on autre chose que de le combattre par des Textes de la Bible, par des autorités de Lactance, de Saint-Augustin et d'autres pères de l'Eglise. » Il expose les arguments qu'on lui objecta et la qualification que sa théorie mérita et il continue... « Nonobstant Colomb combattit avec dignité, éloquence, et par des raisons solides les préjugés du conseil... Mais c'était l'aurore de la lumière luttant contre un brouillard épais qui occupait l'horizon, non seulement en Espagne, mais dans tout le monde ; et celui qui parlait était un étranger inconnu et on le regardait comme un misérable aventurier. Ainsi, il passait aux yeux du vulgaire pour un fanatique, un rêveur, un fou. Malgré cela, il ne manqua pas de se trouver quelqu'un qui reconnût la valeur de ses éloquents raisonnements et qui se montrât dévoué à ses projets. Entre autres, mérite d'être cité avec honneur le religieux dominicain Fray Diego de Deza, alors professeur de théologie et maître du prince Don Juan, depuis inquisiteur et archevêque de Séville, qui lui donnait le logement et la nourriture dans le couvent, et qui fut plus tard son protecteur spécial auprès des Rois. » (Lettres de Colomb à son fils, Navarrete, *Viajes* tom Ier). Enfin il ajoute.... « Triste et chagrin il entendit que la junte de Salamanque avait déclaré son plan chimérique, irréalisable, appuyé sur de faibles fondements et que le gouvernement ne devait pas lui prêter son appui, quoique le cardinal Mendoza et le maître Deza, déjà évêque de Palencia (fils tous deux de l'Université de Salamanque) aient adouci la fatale sentence... »

Voilà ce que dit Lafuente : remarquons en passant la contradiction où il se trouve avec les auteurs déjà cités, Ferdinand Colomb et César Cantú, sur des points des plus essentiels de notre sujet. Les deux derniers prétendent que Colomb ne voulut pas s'expliquer beaucoup, ou ce qui est le même, qu'il n'expliqua pas sa pensée d'une manière étendue, de peur de se voir démenti, comme en Portugal : et Lafuente assure qu'il combattit avec dignité, éloquence et par de solides raisons les préjugés du conseil. Dans ce dernier cas, il était non seulement nécessaire, mais encore indispensable qu'il expliquât sa pensée dans toute sa lucidité et son étendue, ou il n'y a pas de logique au monde. En présence d'un pareil désaccord sur un point si important entre trois historiens célèbres, l'un fils de Colomb, les autres d'un crédit si mérité, qui a raison ? N'est-il pas permis de douter même de l'accueil que reçurent dans les conférences les opinions du célèbre cosmographe, ainsi que le supposent depuis bien des années les ennemis des gloires de Salamanque ? L'autorité d'Irving, une de celles sur laquelle Lafuente a dû s'appuyer pour faire le récit que nous avons transcrit ci-dessus, est-elle si irrécusable et si décisive, abstraction faite de sa qualité d'étranger, et même en reconnaissant son érudition, son impartialité et sa bonne foi ? Quand Prescott (page 179, note 8) convainc Irving d'une erreur chronologique ; quand nous-même nous trouvons fausse une citation d'Herrera que fait Prescott dans la même page, et une autre de d'Acosta faite par Irving, page 188 ; quand, dans l'introduction de l'ouvrage déjà cité de

Bernaldez, Lafuente Alcantará exprime les remarquables paroles suivantes : « La chronique de la conquête de Grenade par Washington Irving est une copie du manuscrit que nous publions embellie de tous les ornements du style moderne, » nous nous ajoutons, augmentée et assez défigurée, de plus, à ce qu'il paraît ; il est permis, tout au moins, de le lire avec beaucoup de réserve, et de douter de la complète exactitude de ses affirmations non moins que de sa féconde originalité.

Mais ce n'est pas à ce point que se bornent les erreurs d'Irving ; parmi le grand nombre de celles que nous pourrions citer, si tel était l'objet de cet écrit,il y en a d'autres,non moins importantes,qui ne laissent pas de nous faire lire avec une extrême prévention tout ce que le dit auteur affirme. L'une d'elles consiste à s'appuyer sur le chapitre deux de l'*Histoire de l'almirante*[1], soit pour rapporter les objections que la junte de Salamanque oppose à Colomb, soit pour rendre compte de son avis, que Fernando de Talavera transmit aux Rois Catholiques. Ferdinand Colomb consacre précisément ce chapitre à parler des parents de l'amiral, de sa condition et du

[1] Irving liv. II, chap. IV et V, tom. I, pag. 189 et 209.

faux récit d'un certain auteur, son compatriote, paraît-il, appelé Augustin Justiniano, sur ce qu'il pratiquait avant d'être almirante. Le chapitre XI est celui qu'il dédie principalement à raconter la venue de son père en Espagne et tout ce que nous avons transcrit, et non le chapitre II, comme l'affirme et le répète l'écrivain du nord del'Amérique. Peut être a-t-il confondu ce qui est très facile le chapitre 11 avec le chapitre XI, ce qui ne laisse pas d'être étrange ; s'il était arrivé le contraire, le fait aurait son explication, parce que les chapitres portant, comme ils la portent, la numération romaine, il a pu, en procédant à la légère, prendre onze pour deux. De sorte que le fait nous induit à soupçonner qu'il n'a pas lu Colomb, ou que quelqu'un lui a écrit en lui citant le chapitre 11 en chiffres arabes, qu'il lut, lui, II en chiffres romains et qu'il l'imprima ainsi. Quelque peu d'importance, enfin, que nous accordions à ce *quid pro quo*, il nous autorise toujours à présumer qu'il a pu en faire autant sur d'autres points plus essentiels, mêler peut-être les observations, attribuer à un auteur ce qui était dit par un autre et cela, même étant donnée la bonne foi que nous lui supposons bien volontiers.

Nous nous dispensons de copier le témoignage

de l'illustre poète, Alphonse Lamartine dans sa *Vie de Colomb*[1], parce que d'accord avec les auteurs cités pour le fond du sujet, il en diffère seulement par la peinture très exagérée qu'il fait des Espagnols de ce temps et nous traite avec trop d'injustice pour que nous puissions le réfuter dans cet écrit, dont l'objet n'est certainement pas de venger notre nation d'accusations aussi immédiates que calomnieuses. Il suffit de savoir qu'il se contredit d'une manière très remarquable dans le paragraphe XVIII ; il affirme d'abord que « deux ou trois religieux du couvent de Salamanque, obscurs et sans autorité, se livrant à l'étude dans le cloître, méprisés du clergé supérieur, daignèrent seulement écouter Colomb, et plus bas il ajoute... quelques religieux se montrèrent, nonobstant, un peu agités entre le doute et la conviction, en écoutant l'accent de Colomb. Diego de Deza, religieux de l'ordre de Saint-Dominique, *homme supérieur à son siècle* et qui devint plus tard archevêque de Tolède, osa combattre généreusement les préjugés du Conseil. » Contradiction remarquable que celle du célèbre auteur des Girondins ! Deza, au dire de Lamartine, était un homme supérieur à son siècle et en

[1] Collection du civilisateur, par. 18 et 19.

même temps un religieux obscur et sans autorité! Cela n'a pas besoin de commentaire. Et qu'on le remarque bien ; des six historiens qui traitent de l'accueil défavorable que le projet de Colomb reçut dans les réunions de Salamanque, quatre sont étrangers, ce qui ne laisse pas d'être extrêmement significatif pour le sujet qui nous occupe.

Nous ne voulons pas non plus faire mention d'un des deux articles que le *Musée des familles* (tom. 8-1850) consacre à cette question. F. J. Bastante les signe. D'accord avec Lamartine sur la manière d'apprécier l'esprit qui dominait dans les conférences, il dit qu'elles se tinrent, en 1484, en quoi il diffère, comme on le voit, de tous les autres auteurs cités.

Nous avons examiné aussi avec le plus grand scrupule la *Collection des documents inédits pour l'histoire d'Espagne*, monument officiel élevé par certains académiciens érudits et zélés, avec une portion de précieux matériaux jusqu'ici disséminés et inconnus,et, dans les trente-deux volumes dont elle se compose jusqu'à présent [1], nous n'avons pas rencontré un seul document, venant à l'appui de l'opinion que nous attaquons. Or, il faut noter que dans cette compilation très remar-

[1] En 1858.

quable, il y a plus d'une chronique sur les Rois Catholiques, rédigée par des écrivains contemporains et très peu postérieurs, d'après de nombreux documents relatifs aux événements simultanés des guerres d'Andalousie et de la conquête de Grenade. Ce silence sur un point si intéressant et jusqu'ici si peu élucidé, prouve beaucoup en faveur de notre idée, tant qu'on ne produira pas des témoignages faisant foi, suffisant à établir l'opinion de nos adversaires, à détruire le fait de la venue de Colomb à Salamanque, à nier l'appui et l'approbation que son projet trouva chez les pères dominicains et chez *beaucoup* d'autres personnes dont on ne spécifie pas la provenance, mais qui étaient, comme nous l'avons complètement prouvé, des professeurs de cette Université de Salamanque, aussi illustre que calomniée.

Mais admettons pour un moment l'hypothèse que le projet de l'aventurier génois d'alors ait été complètement désapprouvé et repoussé dans l'assemblée de Saint-Etienne ; prenons comme un fait absolu, ce qui n'est que relatif et conditionnel chez les auteurs auxquels nous osons répondre ; nous pouvons encore défendre l'Ecole de Salamanque de la note infamante que des historiens, des poètes, des journalistes de ces temps osent jeter au front de l'auguste et vénérable matrone qui symbolise et représente sept siècles de gloire, dans les fastes de l'intelligence, dans les annales de la science et de la civilisation du monde.

Toutes les grandes découvertes des sciences et des arts, toutes les conquêtes de l'entendement humain et des efforts de l'homme nous paraissent faciles et simples, *après qu'elles* sont arrivées sur le terrain des vérités pratiques. La théorie du mouvement de la terre et de l'attraction universelle, l'invention de l'imprimerie, du télescope et de la boussole, l'application de la vapeur comme force dynamique, celle de l'électricité à la transmission de la parole, tout cela se présente à nous comme faisable et ordinaire *à posteriori*, c'est-à-dire, quand sont applanies les immenses difficultés qui encombraient la voie, qu'on a obtenu les avantages incalculables par lesquels les générations accroissent, les unes après les autres, le trésor toujours ouvert des connaissances humaines. Mais quand le génie de l'homme, étincelle de la sagesse infinie, initie à une pensée quelque utile et féconde qu'elle soit, quand il se met en lutte ouverte avec les croyances et les opinions admises ; qu'il révèle au monde une vérité abstraite, et peu s'en faut fabuleuse et incroyable, rien n'est plus commun, dans tous les siècles et dans tous les pays, si l'on ne tient pas cet homme pour fou et visionnaire, ce qui est arrivé plusieurs fois, que de douter au moins, en attendant que sa théorie se change en tangible et positive réalité. Si cela arrive d'ordinaire pour une découverte, pour une invention quelconque, pourquoi s'étonner que la presque mythologique existence d'un nouveau continent, imaginée peut-être par l'*Atlantide* de Platon, par les *Antilles* des Phéniciens et les *îles Fortunées* des poètes ; entrevue et rêvée peut-être dans les récits alors orientaux et fabuleux du vénitien Marco Polo sur les opulentes régions de l'Asie, de Cipango et de Cathay, des pays d'or et des perles, ait trouvé, dans ce siècle et à cette époque, des auditeurs incrédules et défiants, au lieu de protecteurs décidés, et d'auxiliaires enthousiastes ? Les théories du cosmographe étranger, n'avaient-elles pas été repoussées d'abord en Portugal et à Gênes, sa propre patrie, et, d'après Cantú et quelque autre auteur, en Angleterre et à Venise aussi, pays dont certains étaient plus avancés que le nôtre dans cette classe de découvertes et d'aventures maritimes ? Les précédentes conclusions ainsi déduites, vu l'esprit et les idées qui prédominaient dans le monde, et partant toujours de l'hypothèse que Colomb fut repoussé à l'Université de Salamanque, est-ce que les autres Universités alors célèbres aussi en Europe et dans l'univers, telles que Paris, Bologne, Oxford, et d'autres que nous pourrions rappeler, auraient accueilli Colomb d'une autre manière que leur sœur de Salamanque ? Brillaient-elles par hasard plus qu'elle dans les sciences physico-mathématiques et dans toutes les autres qui s'enseignaient dans ses cours vénérables ? Avaient-elles peut-être des maîtres plus habiles, plus célèbres,plus sans préjugés que les siens ? Etait-elle autre peut-être l'atmosphère où ces Universités développaient les estimables éléments de la science traditionnelle et contemporaine ?... Tant qu'on ne nous le prouvera pas, et nous le tenons pour impossible, il nous sera permis de déduire en notre faveur des conséquences des plus hautes et des plus transcendantes.

Mais bornons-nous au sujet qui nous occupe, étudions de plus près les tant de fois racontées conférences de Colomb au couvent des dominicains de Salamanque. Qu'il y ait eu, et il ne pouvait moins d'y avoir, divergence d'opinions, c'est un fait qui n'a besoin de se démontrer par aucune donnée historique, il résulte du caractère et de l'essence de tout groupe d'hommes appelés à discuter l'objet le plus simple. L'absurde, l'invraisemblable, le fabuleux aurait été qu'il se fût trouvé une approbation unanime, après l'examen de cette affaire si grave. Depuis les Conciles généraux, jusqu'aux juntes et aux consultations de trois ou quatre médecins ; depuis les assemblées législatives jusqu'aux réunions de confrérie, depuis les conseils délibérants les plus autorisés, jusqu'à la plus modeste et la plus privée réunion de famille, toutes les réunions d'hommes, en somme, offrent les mêmes caractères, des tendances égales ou semblables, des résultats analogues ou identiques. Il faudrait changer le cœur humain, la manière d'être et d'agir des facultés intellectuelles pour supposer un accord commun et unanime sur tous, absolument sur tous les *points* controversables. Les vérités pratiques les plus évidentes, les plus simples notions du juste, du bon et du beau, les plus faciles axiomes des sciences et des arts, les plus prosaïques événements du foyer domestique, comme les théories les plus abstraites de l'entendement humain, tout ne se soumet-il pas à de rudes, de violentes, de chaleureuses discussions, dans lesquelles ce n'est que très rarement qu'il y a uniformité d'opinions, tandis que très souvent il en résulte la sanction d'absurdités évidentes et inadmissibles à tous les yeux.

Dans les conférences de Colomb il n'y eut pas, il ne put y avoir uniformité d'opinions ; les points qui s'y traitaient étaient surabondamment ardus et transcendants, et ce n'étaient pas des dieux, mais des hommes, sujets, par conséquent, aux faiblesses humaines, qui se trouvaient là si solennellement réunis. Les uns comprendraient le projet de Colomb ; d'autres le combattraient, comme se combat toujours tout ce qui est mis en discussion ; un assez bon nombre craindraient d'accueillir les propositions alors hardies de géographie et de nautique que présentait le Génois, encore sans autorité, et il était à *ce moment dangereux*, au dire de MM. Irving et Lafuente, *de soutenir des théories pouvant paraître suspectes à l'inquisition récemment établie.* Il est constant, toutefois, d'après les autorités respectables que nous avons légèrement analysées, que *beaucoup* de membres de la junte de Salamanque opinèrent que Colomb *était quelque chose de plus qu'un rêveur ;* qu'ils ne le *désapprouvèrent pas*, qu'il y en eût un qui se montra dévoué à ses projets et que *beaucoup d'autres membres éclairés de la junte*, qui étaient de cet avis, attirèrent à leur opinion les hommes les plus notables des Ecoles : que les *dominicains le défendirent particulièrement*, et *que le maître Deza,* comme nous l'avons dit plus haut, et nous le prouverons plus loin, *fut son protecteur spécial auprès des Rois Catholiques.* Et nous, nous ajoutons quel protecteur! En effet, Deza ne se contenta pas d'approuver simplement de pareils projets, mais uni aux autres religieux de Saint-Etienne et avec quelques autres membres de plus que les historiens ne mentionnent, *professeurs tous* de l'Université de Salamanque, dont les noms, à notre grand regret, ne sont pas arrivés jusqu'à nos jours, il ne se contenta pas, disons-nous, de donner à Colomb une généreuse hospitalité dans le couvent, avant, pendant et après les fameuses conférences, mais s'associant à la noble, féconde et généreuse pensée où ne germait rien moins que la prochaine découverte d'un nouveau monde pour la couronne de Castille, déjà alors florissante et puissante, il se rendit à la Cour avec Colomb, recommanda son projet de la manière la plus efficace, le présenta aux Rois et leur fit valoir, avec un éloquent intérêt, la convenance et jusques à la gloire de l'accepter.

En somme, même étant donné que Deza eût été seul dans la discussion, ce qu'il pensa de Colomb, ce qu'il fit pour lui, avant et après les réunions, la puissante influence dont il usa, par sa haute opinion, à la Cour et auprès des Rois, tout cela ne vaut-il pas, pour le moins, autant que la froide et stérile approbation des autres membres, quelque conformité qu'il eût résulté de la controverse! Était-il logique que Colomb, dédaigné aux juntes de Salamanque, revînt à la Cour attendre une négative plus que probable ? N'aurait-il pas été plus naturel qu'il fût revenu en Italie, ou en Portugal, alors que, quelques années après le refus de ce dernier pays, le roi lui avait écrit pour l'inviter à revenir, d'après Irving liv. I ? Cette minorité plus ou moins nombreuse, mais enfin respectable de l'assemblée de Salamanque, se composait de *maîtres* ou de *professeurs de l'Université*, en désaccord sans doute avec l'opinion de leurs collègues, mais représentant dignement le bon renom de l'École dont ils étaient membres. Cette minorité ne fut pas l'unique qui eut la raison de son côté, et son vote n'est pas d'une valeur si faible, puisqu'il prévalut plus tard sur l'esprit des Rois. L'organe de ce petit ou plus grand nombre de savants, c'est le maître Deza qui fit tout ce que nous savons pour recommander et conduire à bonne fin le projet de Colomb dont il avait défrayé le voyage et le séjour à la Cour, après lui avoir libéralement donné l'hospitalité au couvent.

Mais il nous vient à l'esprit d'adresser maintenant une question : sans l'accord et l'attitude honorable de cette si autorisée minorité des conférences de Salamanque, sans la décidée protection des dominicains dont le représentant auprès des Rois fut le si souvent nommé Deza, les projets de Colomb eussent-ils été par hasard admis ? S'il y avait eu unanimité dans la junte, les projets de Colomb auraient-ils été approuvés ? Alors que les monarques étrangers le repoussaient, que la Cour de Castille et deux de ses grands les plus influents méprisaient ses offres, que le bruit des dernières scènes glorieuses d'une guerre titanesque, de plus de sept siècles, absorbaient trop l'attention de tout le monde pour penser à accepter les offres, alors vraisemblablement fabuleuses, de l'infatigable Italien, seul un pauvre frère franciscain l'encourageait, et un autre frère dominicain le recevait cordialement dans son couvent, où ses projets s'écoutèrent, se discutèrent et s'approuvèrent par un plus ou moins grand nombre de professeurs de l'Université. Ce que cette Université était alors, ce qu'elle signifiait dans le monde de la science et la haute opinion qu'elle méritait de tous, se prouve de la manière la plus concluante par le seul fait que Salamanque lui avait été désignée, ou parce que Colomb s'y était spontanément rendu, comme étant le point unique où il y avait quelqu'un qui pourrait comprendre, examiner et discuter son fameux projet[1].

Des années s'écoulèrent, c'est vrai, avant de vaincre un assez grand nombre de difficultés et de voir, enfin, approuvé le projet de Colomb ; mais il ne faut pas imputer ces retards au rapport plus ou moins favorable du conseil de Salamanque ; qu'on en accuse les guerres que les Rois Catholiques soutenaient contre les Maures et les obstacles d'un autre genre qui s'objectèrent incontestablement à la Cour ; qu'on en accuse le manque de ressources qui défait toujours les propositions les plus utiles et les plus généreuses ; qu'on en accuse, enfin, des préjugés enracinés qui d'ordinaire rendent stériles les pensées les plus fécondes. A l'appui de cette opinion, voyez l'opinion très respectable du docteur Galendez de Carvajal. « Nos Rois occupés alors, dit-il, aux conquêtes d'Andalousie, ne purent l'entendre, mais ils eurent la *politique de l'entre-*

[1] Il y a des auteurs, entre autres notre ami D. Thomas Rodriguez Pinilla, dans sa *Reseña historica de la Geografia*, liv. III. ch. 1, qui affirment qu'il y a eu deux Juntes de Salamanque, l'une présidée, par ordre des Rois, par le Prieur du Prado et qui émit une opinion défavorable ; et l'autre provoquée par Colomb et par Deza, au couvent de Saint-Etienne, qui est celle qui fut dans le vrai.

tenir ; et lui-même y assista, et ne les servit pas peu par son expérience et son courage[1]. » Telle est aussi l'opinion d'autres auteurs que nous avons vus, corroborée par les faits mêmes et qu'on ne peut détruire.

Mais en face de ces indications historiques tirées d'auteurs si respectables, contre notre opinion, que nous avons eu l'impartialité de présenter, non pas un seul, mais tous ceux qui accueillent ou peuvent accueillir la fabuleuse invention que nous avons cherché à combattre, nous allons présenter quelques-unes des nombreuses preuves que nous possédons, plus dignes de foi et plus irrécusables, selon nous, que celles que produisent les célèbres historiens que nous avons osé attaquer. L'historien de Salamanque, Dorado[2], ne peut être sur ce point ni plus formel ni plus explicite. « L'illustrissime, señor, don Fray Diego de Deza, dit-il, évêque de cette ville et archevêque de Séville, reçut le saint habit dans la cité de Toro sa patrie ; il vint étudier ici (à Salamanque) où il fut son professeur de prime de théologie, et il l'était vers les années de 1484, où Christophe Colomb se logea dans ce couvent,

[1] « *Memorial y registro breve etc.* » Collection de documents inédits, tom. XVIII, pag. 277.

[2] Chap. XXXVII, pag. 225, Salamanque, 1776.

Colomb qui lui communiqua sa pensée et traita la matière et le sujet de sa venue en Espagne avec le dit Révérendissime : écouté avec un plaisir tout particulier, pour mieux s'assurer des fondements d'un si grand projet, il en fit part aux mathématiciens de cette célèbre Université. Il les fit réunir, et retirer chez ces pères à la maison appelée Balcuebo, qu'ils ont à deux lieues de cette cité, pour que, éloignés du bruit, ils pussent le plus commodément pénétrer une affaire si importante, où les uns et les autres, après avoir présenté diverses observations, et tenu beaucoup de conférences sur le sujet, ils vinrent *unanimes et d'accords adopter pour réalisable le projet*, comme fondé sur les règles légitimes des mathématiques, en conséquence de quoi le Révérendissime Deza, comme confesseur qu'il était des Rois Catholiques Don Ferdinand et Doña Isabelle, alla les informer *du fait* et *de l'utilité* qui en résulterait pour leurs royaumes, et que tout céderait en l'honneur et la gloire de Dieu. »

Fray Salvador Maria Roselli, célèbre dominicain italien, rapporte ce qui suit à ce sujet [1]... Le même Colomb, alors que plusieurs se moquaient de lui pour sa pensée de la découverte d'un nou-

[1] *Summa philosophica*, tom. IV, pag. 173 et suivantes, note 8me, Madrid, 1788.

veau Monde, trouve non seulement en Espagne des hommes savants qui non seulement approuvèrent son projet, mais qui s'efforcèrent fortement de le défendre, outre Juan Perez, moine de la Rabida auquel Colomb avait communiqué le projet prémédité et les raisons pressantes ; il résolut de venir à l'Université de Salamanque ; bien plus il y fut envoyé par les Rois catholiques Ferdinand et Isabelle pour y conférer. » Il transcrit ensuite un passage de Ferdinand Pizarre, dans son ouvrage des *Hommes illustres du Nouveau-Monde* (Vie de Colomb ch. 3.) qui est le suivant : « Colomb se détermina à aller à l'Université de Salamanque, comme à la mère de toutes les sciences dans cette monarchie, là il trouva un grand secours, au célèbre couvent de Saint-Etienne des pères dominicains, où florissaient à cette époque toutes les belles lettres, qui avait non seulement des maîtres et des professeurs de théologie et d'arts, mais encore des autres facultés mathématiques et d'arts libéraux. On commença à l'entendre et à s'informer des grands fondements qu'il avait, et. *peu de jours après, ils approuvèrent sa démonstration* qu'appuya le P. maître Fray Diego Deza, professeur de prime de théologie et maître du prince Don Juan. » Plus loin il continue : « Fray Bartolomé de las Casas, évêque de Chiapa, dans son *Histoire générale des Indes* (liv. 1° ch. 29) affirme avoir vu l'original d'une lettre de Colomb aux Rois Catholiques où il dit *qu'ils doivent les Indes au maitre Fray Diego Deza et au couvent de Saint-Etienne de Salamanque.* » Roselli continue : « la même chose se rapporte dans une supplique imprimée que les dominicains de Salamanque élevèrent, au commencement de ce siècle (XVIIIe) à Philippe V [1], où il est dit, paragraphe 1, numero 1 : «Colomb recourut aux Rois Catholiques Don Ferdinand et Doña Isabelle, lesquels, comme prudents, ne

[1] En 1858, le P. Fr. Alonso Martin, religieux de Saint-Etienne qui fut lecteur de son couvent et qui habite dans le même couvent, eut la bonté de nous montrer un exemplaire de ce document imprimé et certifié par un notaire. On y relate effectivement tous les services que l'ordre des prêcheurs a rendus à l'Etat, avant et après la découverte des Indes, on y raconte l'arrivée de Colomb, l'accueil que le couvent lui fit, appuyées sur les mêmes autorités que cite Roselli, et de plus sur celle de l'illustrissime Acuña, dans son rapport religieux intitulé : « *Saint Dominique au Pérou* » fol. 25 ; sur l'approbation de don Juan Antonio Velez de Guevara à la pièce : « *El mejor Guzman,* » sur Prado « *Théologie morale* » question 9, chap. xv, numéro 22, et sur toutes les chroniques de l'ordre des Prêcheurs. Ce document intéressant a été réimprimé, à Salamanque, en avril 1866, aux frais du D^r^ professeur et doyen de la Faculté de Théologie, D. Pedro Manobel qui fut un enfant du même couvent : il est accompagné d'une planche représentant la magnifique façade de l'église de Saint-Etienne.

voulurent pas se déterminer sur une affaire si ardue, sans une longue consultation d'hommes doctes et de qui ils auraient la satisfaction la plus pleine ; ainsi ils le renvoyèrent à ce couvent de Saint-Etienne, pour qu'on y examinât là ses desseins et ses raisons.

Colomb arriva à Saint-Etienne, en l'année 1484[1] et là il trouva quelqu'un qui l'entendit, et apprécia ses raisons ; il resta longtemps logé dans le couvent qui pourvut à tout ce qui était nécessaire à sa personne et à ses voyages ; il se tenait en même temps de longues et fréquentes conférences entre les maîtres de mathématiques qu'il y avait alors ; « *quand on fut éclairé et convaincu que Colomb avait raison dans sa proposition, les hommes les plus célèbres que l'Espagne avait dans ce temps furent convaincus*, au moyen des religieux ; alors on se mit à l'œuvre d'*informer les Rois, et les religieux aidèrent Colomb dans toutes ses opérations*. Le prélat du couvent avec d'autres religieux et maîtres se rendit avec lui à la Cour ; *ceux-ci l'introduisirent auprès des Rois, informèrent avec lui leurs Majestés, et leur certifièrent ce qu'il y avait de sûr et d'important sur le sujet.*

[1] Ce doit être une erreur matérielle : les historiens que nous attaquons disent 1486, et c'est, en effet, la date la plus vraisemblable.

Mais celui qui se distingua le plus, ce fut le très docte maître, Fray Diego de Deza, alors professeur de prime à Salamanque, et depuis, maître du prince Don Juan, inquisiteur général, archevêque de Séville et archevêque élu de Tolède. Ce maître *parla plusieurs fois aux Rois, accompagnant toujours Colomb, jusqu'à ce qu'il passa au nouveau Monde*, ce fut le troisième jour d'août 1491. (Ce doit être 1492). »

Avec ce récit de Roselli sont d'accord et sur beaucoup de ses points s'appuyent, le Présenté Fray Antonio Gonzalez de Acuña, dans le *compte* qu'il rend au général Marini de l'état de son couvent de Saint-Dominique du Pérou[1]; également le frère Présenté, Antonio de Remesal, et non Remesel comme dit Irving, dans son *Histoire générale des Indes occidentales et particulière de Chiapa et Guatemala* (liv. II, chap. 7, nº 3, pag. 52, Madrid, 1620); Mélendez dans l'*Histoire de la province du Pérou de l'ordre des prêcheurs* (liv. I, chap. 1, pag. 6 et 7); il transcrit les paroles de Bartolomé de las Casas, évêque de Chiapa dans son *Histoire générale des Indes* (liv. I, chap. 29) certifiant avoir entendu affirmer par l'archevêque Deza « *qu'il avait été la cause que*

[1] Voir la note page 53.

les Rois Catholiques avaient accepté la dite entreprise et la découverte des Indes. » Fontana, *Monuments dominicains*, année 1492 : Ferdinand Pizarre, *Hommes illustres du Nouveau Monde*, citant Bartolomé Leonardo de Argensola,annales d'Aragon, (Pag. 1, liv. X, chap. 10) ; Lefebure, dans le *Manuel historial d'Espondano* (de la même année n° 27) ; et enfin le *Bullaire de l'ordre des prêcheurs* (Tom. VI, pag. 295, const. 21). Mais Remesal déjà cité, le plus explicite peut-être de tous ces auteurs, rapportant minutieusement les particularités des conférences du couvent de Saint-Etienne, ajoute que *Colomb avec la faveur des religieux ramena à son opinion les plus grands lettrés de l'Ecole.* Témoignage précieux, quoiqu'il ne soit pas l'unique que nous ayons, qui nous dispense de tout commentaire ! Donnée inappréciable qui, sous forme d'aveu sincère, a échappé à plus d'un des auteurs que nous avons combattus.

Tout ce qui est exposé est aussi confirmé par le P. M. Fray Juan de Araya, dans son *Histoire MS du couvent de Saint-Etienne et de Salamanque* (chap. XI), ou plutôt Roselli a dû s'appuyer sur cette autorité puisqu'elle est antérieure. Elle se présente à nous d'autant plus respectable et digne de foi, que nous avons la certitude la plus grande sur la minutieuse exactitude et la fidélité avec lesquelles les chroniqueurs de tous les ordres religieux consignaient tout ce qui arrivait chez eux, quelque insignifiants que fussent les faits. Et cette relation, plus ou moins prolixe, a servi bien des fois aux historiens de tous les pays. Celle du fait qui nous occupe est d'accord en ce qu'il y a de plus essentiel avec l'opinion des mêmes respectables auteurs que nous avons cherché à attaquer.

Dans le *Mémoire historique* que le docteur et professeur de cette Université, et depuis digne directeur de l'Institut d'enseignement secondaire, don Salustiano Ruiz, présenta, le 10 mai 1845, nous trouvons les remarquables paroles suivantes : « Christophe Colomb, agité par la sublime pensée de trouver un nouveau monde, vint consulter les astronomes de cette Université et *sur le vu de leur rapport*, la reine Isabelle décréta l'expédition. »

Notre savant ami don Alvaro Gil Sanz qui, outre son incontestable mérite comme écrivain, est peut-être, en matières historiques, la personne la plus compétente de notre province, se rapportant aux paragraphes par lesquels il terminait, dans un autre journal, la biographie de Fray Diego de Deza, dit ce qui suit à propos de notre affaire [1].

[1] « *Correo Salmantino*, » n° 29.

« C'est une croyance commune, disons-nous, que Colomb, après avoir souffert, dans d'autres royaumes, de mortifiants refus et langui, pendant d'assez longues années, à la Cour de Castille, fut envoyé soumettre son grand projet au jugement des cosmographes de l'Université de Salamanque. On dit aussi qu'on le qualifia de visionnaire, et *l'on répète avec emphase l'étrange argument* du professeur qui, se représentant la figure sphérique de la terre, comprenait bien que les vaisseaux pussent descendre, mais qu'il ne réussissait pas à voir comment ils devaient parvenir à monter ensuite sur le globe. » Il rapporte ensuite l'accueil que Colomb reçut au couvent de Saint-Etienne, accueil appuyé par les historiens déjà cités, et il conclut.... « Nous n'avons pas voulu éviter les citations qui précèdent, parce qu'elles sont l'unique moyen de prouver un fait historique. L'intérêt de celui que nous avons traité de consigner dans ce court article, ne peut qu'être grand pour tous ceux qui sentiront battre leur cœur de joie au souvenir des gloires nationales. Il y en a assez qui nous taxent d'arriérés, pour qu'il nous plaise de dire aux étrangers qui nous critiquent que, pendant qu'ils méprisaient, eux, Colomb, comme un fou, l'Espagne eut la gloire non seulement de l'accueillir, mais encore de comprendre *scientifi-*

quement ses projets. Ajoutons aussi ce fleuron là à couronne de l'Athènes espagnole. »

Mais une autorité plus formelle et plus explicite que toutes les autorités citées, ayant plus de poids et de valeur pour nous, par le caractère officiel de sa publication en 1849, c'est la *Revue historique de l'Université de Salamanque*, écrite par les docteurs et professeurs, le célèbre et infortuné Don Manuel Hermenegildo Davila, l'honneur de ces écoles, les non moins éclairés Don Santiago Diego Madrazo et le déjà cité don Salustiano Ruiz, Revue remise à la Direction générale de l'Instruction publique le 2 novembre 1848 [1]. « L'Université, disent-ils, fut consultée par Colomb, ou plutôt, Colomb se réfugia à l'Université de Salamanque, méconnu à Gênes ; repoussé en Portugal, à Londres ; traité de vision naire et de fou par ces hommes de Cour dont les représentants aujourd'hui, *pour faire de l'effet aux dépens de l'auguste vérité*, ont eu l'audace de dire dans une occasion solennelle que les docteurs de Salamanque ne trouvaient pas de difficultés au départ, mais au retour : *assertion gratuite dont il n'y a aucune trace*, assertion propre, non plus à eux, mais qui est une de ces nom-

[1] Pag. 30, 31, 32.

breuses pointes par lesquelles on fatigue dans les palais la persévérance des hommes de cœur. *Que l'Espagne et le monde entier sachent donc une fois pour toutes que les philosophes de Salamanque* APPROUVÈRENT L'IDÉE DE COLOMB, que la découverte d'une race ignorée est due à sa pénétration presque divine, à l'appui chevaleresque du supérieur de Palos, Perez de Marchena qui l'envoya à la Cour; à la noblesse d'Isabelle I, à l'approbation des cosmographes de Salamanque, à la générosité du couvent des dominicains de Saint-Etienne, et à l'ardeur infatigable avec laquelle *le maître Deza*, un de leurs religieux et professeurs de *prime à l'Université* applanit les obstacles pour l'expédition la plus glorieuse que les siècles ont vue. Et quoique nous ayons le plaisir de confesser que le maître Deza, comme directeur de l'éducation du prince Don Juan, ait contribué plus efficacement que l'Université à la réalisation de l'entreprise, nous croyons, qu'on y compte bien, que l'honneur du couvent des dominicains, incorporé à l'Université, et celui de son chef, professeur du prime de théologie à l'École de Salamanque, *nous appartiennent entièrement.* » Ils citent ensuite les mêmes auteurs mentionnés à l'appui de leur opinion et ils concluent par ces très remarquables paroles... « Il résulte démontré avec toute la certitude qui peut démontrer une vérité historique que la découverte d'un nouveau monde est due au génie de Colomb, à *l'approbation de l'Université de Salamanque et aux efforts persévérants et efficaces du professeur de prime de théologie à l'Université*, l'éminent Fray Diego de Deza [1].

[1] Les professeurs de l'Université assistèrent à ces conférences ; mais elles eurent lieu à Saint-Etienne, soit au couvent même de Salamanque, soit alternativement à la granja ou maison de récréation que les dominicains possédaient à Valcuebo, à deux lieues de distance de la capitale. Une des collines voisines s'appelle encore la *colline de Colomb.* En 1866, on y a érigé en pierre granitique un monument simple et élégant entouré d'une grille. Il est dû à notre inoubliable ami, aujourd'hui défunt, et alors possesseur de ces terrains et de Valcuebo et Zorita, D. Mariano de Solis, suivant les nobles inspirations de son espagnolisme éclairé et les humbles conseils de l'auteur de cette brochure.

Le 3 avril de ladite année 1866, le monument fut inauguré en présence de tous les membres de l'Université présidés par le Recteur D. Juan José Viñas. L'acte fut majestueux et sublime ; on improvisa des discours et des poésies, et le noble citoyen de Salamanque, D. Mariano de Solis manifesta son intention de céder dès ce moment à l'Université la propriété du monument qu'il venait de construire à ses frais. Tout le respectable cortège se rendit ensuite à la magnifique et délicieuse propriété de Zorita, dans l'élégante maison de laquelle eut lieu le banquet d'adieux au Recteur et de souvenir sympathique au patriote Fr. Solis, pour sa louable conduite. Dans cette réunion semi-officielle, discours et poésies se répétèrent, au milieu de toasts enthousiastes et d'autres démonstrations de joie. Pendant ce temps, les étudiants pré-

Un témoignage de non moins d'autorité et de valeur sur ce point, et non moins respectable, sans doute, pour éclairer la vérité historique, c'est celui du P. M. Fray Pascual Sanchez dominicain de Saint-Etienne de Salamanque, professeur, plusieurs années, de Théologie à la même Université et qui y est décédé en 1855. Son *Mémoire* sur l'Université, qu'il lui dédie, travail qui circula longtemps manuscrit et qu'il n'avait pas voulu publier avant, par suite sans doute des excentricités de son caractère, s'imprima finalement en 1854 [1] et fut généralement accepté, à la satisfaction des amants des gloires de Salamanque qui l'attendaient et qui l'acquirent avec intérêt. L'autorité du maître Pascual est, disons-nous, très respectable, parce que, indépendamment de l'érudition des plus vastes dont elle se trouve ornée, il hérita mieux que tout autre, par son long séjour dans le couvent et par la dignité

paraient en ville l'impression d'un *album* de poésies consacrées à Christophe Colomb, pour l'offrir au Fr. Solis, et de son côté, l'Université lui offrit aussi, peu de jours après, un superbe *album*, avec une copie de l'acte d'inauguration contenant la signature de tous les habitants, les poésies, les discours débités en ce jour inoubliable. Le monument de Valcuebo fut alors le premier et l'unique élevé à Colomb dans la péninsule.

[1] Album Salmantino, n°s 15, 16, 17 et 18.

dont il était revêtu, de la tradition historique sur ce point, tradition transmise sans interruption de l'un à l'autre, par tous les Pères de l'ordre, consignée dans leurs chroniques, et vibrante, disons-le ainsi, dans des échos inextinguibles, à travers ces cloîtres magnifiques.

Le docteur Pascual, d'accord en tout avec les auteur cités, dit en parlant de Deza... « Le Monotesaron et autres œuvres qui sont sorties de sa plume, font voir qu'il était bon philosophe, bon lettré, bon politique, et théologien complet. Dans la note qu'on mettra à la fin, on trouvera les raisons qui prouvent que c'est *à lui principalement qu'on doit la decouverte du nouveau monde.* » Et, dans cette note, après avoir parlé de la venue de Colomb en Espagne, il ajoute... « il passa à Salamanque, pour prouver son affaire par des raisons fondées sur l'astrologie, la géographie et la cosmographie, sur lesquelles il était assez expérimenté ; il était pauvre, et aurait-il eu beaucoup de capitaux, il les aurait dépensés, dans tant de pérégrinations ; aussi se vit-il obligé d'avoir recours à quelqu'un qui l'entretînt. A cette fin, il lui parut convenable de recourir à la protection du couvent de Saint-Etienne, jugeant que s'il y était admis, c'était le moyen le plus favorable à ses projets, moyen qui remédiait non seulement à ses besoins, mais qui lui trouvait des hommes d'une grande autorité et d'une grande science, sans ignorance encore de la science qu'il professait lui-même. Le couvent prit à son compte de le favoriser, lui donna habitation et argent, admit même dans ses cloîtres les conférences et les disputes, et sur ce point défendit Colomb. Celui qui l'aida principalement fut le maître Fray Diego de Deza, comme l'avoue Colomb lui-même dans la lettre qu'il écrivit au Roi après la découverte des Indes, et dont l'original se trouve, dit-on, au Conseil des Indes. Il entra au couvent, vers la fin de 1484,. etc. » Il appuie ensuite tout son récit sur les mêmes autorités que Roselli et les autres auteurs cités et il finit... « Cela même se raconte dans une humble supplique que les pères du couvent de Saint-Etienne élevèrent à la majesté du Roi Catholique Philippe V, au commencement du XVIIIe siècle, supplique qui s'est imprimée, *dont j'ai vu, tenu et lu un exemplaire.* »[1]

Même au risque de paraître diffus, et nous le sommes en effet, nous avons voulu répéter, à dessein, ces mêmes passages pour qu'on puisse voir l'accord qu'il y a entre tant et de si respecta-

[1] C'est la même dont nous avons parlé ci-dessus,

bles auteurs, sur l'accueil fait à Christophe Colomb aux conférences de Salamanque.

Un témoignage non moins respectable sur le point que nous analysons est celui de Don Antonio Gil de Zarate, dans son ouvrage: *De l'instruction publique en Espagne* [1]. Il a été longtemps directeur de cette branche si importante de l'administration : il a eu, par conséquent, l'occasion de boire aux bonnes sources la doctrine qu'il soutient. « La cité de Salamanque, dit-il, se considérait comme le centre des lettres et des sciences dans la vaste monarchie espagnole ; avec ses 27 collèges, ses 25 couvents, dont le plus grand nombre étaient immatriculés à l'Université, ses 7000 étudiants des meilleures familles du pays et de l'étranger, la perfection de son enseignement, la renommée de ses maîtres et de ses écrivains, la gloire de ses hommes illustres, Salamanque se trouvait à la hauteur du rôle que la nation jouait sur le théâtre du monde. *C'est ici le lieu de la venger d'une accusation qui souille sa bonne renommée* et qui court à travers toute l'Europe sans contradiction aucune. *On dit* que lorsqu'on consulta cette illustre école sur le projet de Colomb d'arriver aux Indes, en naviguant vers

[1] Tom. II, sect. 4, chap. 11.

l'Occident sur le grand Océan, elle répondit en repoussant l'idée et appuyant son opinion sur des raisons qui donnent une idée peu favorable de ses connaissances géographiques. Abstraction faite même *qu'il en ait été ainsi, il n'y aurait pas de motif pour l'inculper, puisque le même projet avait été déjà repoussé par d'autres gouvernements, fondés sur les connaissances scientifiques de l'époque*, mais L'UNIVERSITÉ DE SALAMANQUE FUT CELLE QUI PAR SON APPUI LUI OUVRIT LA VOIE POUR METTRE A EXÉCUTION UNE ENTREPRISE SI IMMORTELLE. » Il copie ensuite les mêmes passages que nous avons transcrits de la *Revue* historique de l'Université, et il termine de la manière suivante... « Etrange aberration de l'entendement humain ! Les mêmes peuples qui repoussèrent, par ignorance des bons principes géographiques, les propositions de Colomb, ont jeté cette ignorance à la figure de la nation unique qui accepta et exécuta l'entreprise ; ils ont cherché à dénigrer par là la bonne opinion d'une école célèbre *où se trouvèrent tout au moins des maîtres capables de comprendre la grande idée du célèbre découvreur*, et avec la force d'âme qui contribua si puissamment à la faire adopter par une reine éclairée dans des moments d'une pauvreté et d'une pénurie extrême. »

Mais nous pouvons encore apporter au débat quelque preuve de plus à l'appui de l'opinion que nous soutenons, parce qu'elle est si enracinée à l'Université de Salamanque, elle y passe pour un fait si clair et si incontestable que, dans ses plus célèbres actes publics, elle s'y établit par les maîtres les plus éclairés, depuis le xve siècle, et que le nom glorieux de Colomb, comme associé d'une certaine manière aux titres de cette Ecole, résonne mille fois dans l'enceinte vénérable de ses vastes cours. A l'ouverture solennelle du cours académique de 1857-1858, le docteur ès-sciences exactes, physiques et naturelles, don Dionisio Barreda, digne professeur de physique développée, disait à cette assistance autorisée et choisie... « Aux savants professeurs de cette même Ecole, dont l'orthodoxie a toujours mérité l'estime des chefs de l'Eglise, *est due la haute gloire d'avoir compris la vérite de la conception soutenue par Colomb, en détruisant un par un les arguments, tant scientifiques que dogmatiques, qui semblaient s'opposer à sa possibilité.* Ces hommes profonds, dans la véritable intelligence de tout ce qui avait rapport au dogme, se trouvaient d'autre part complètement familiarisés dans toutes les différentes branches des sciences naturelles qui se cultivaient déjà, à cette époque, dans ces cours. *L'approbation que les idées de Colomb obtinrent de la part de ces savants,* l'efficacité, avec laquelle les fils éclairés du patriarche espagnol, saint Dominique, lui dispensèrent leur appui, tant durant son séjour dans cette cité qu'à la Cour de l'immortelle Isabelle, *furent les moyens auxquels Colomb dut de voir comblés ses désirs de tant d'années.* Si les sciences naturelles ne s'étaient conciliées avec celles qui ont pour objet la conservation du dogme, il aurait été *difficile* d'éclaircir la vérité [1].

Nous avons réservé à dessein pour terminer cette abondance de preuves historiques le témoignage très respectable du savant Navarrete qui confirme tout ce que nous avons rapporté par les remarquables paroles suivantes,.. [2] » Il est en outre *constant* que lorsqu'il (Colomb) vint à Salamanque pour qu'on examinât et discutât les raisons de son projet, non seulement les religieux dominicains du couvent de Saint-Etienne le favorisèrent, en lui donnant le logement et la nourriture et couvrant les frais de ses voyages,

[1] « Harmonie entre la religion catholique et les sciences naturelles. » Discours d'inauguration du cours académique de 1857 à 1858, pag. 30 et 31, Salamanque, 1857.

[2] « Collection des voyages et des découvertes que firent par mer les Espagnols, dès la fin du xve siècle, » tom. I. — Introduction page 91 et suivantes, section 60.

mais qu'en appuyant ses opinions *ils obtinrent que la plus grande partie des lettrés de cette Ecole s'y conformassent*. Là, il connut le M. Fray Diego de Deza, professeur de prime de Théologie et maître du prince Don Juan, qui lui donnait l'hospitalité et l'entretenait à la Cour, qui fut *son spécial protecteur auprès des Rois pour pousser plus loin son entreprise*, ce qui faisait dire à Colomb lui-même que, dès qu'il vint en Castille, ce prélat l'avait favorisé, qu'il avait désiré son *honneur* et que c'est lui qui fut cause que LL. AA, eurent les Indes. »

Avant de terminer la tâche ardue, quoique pour nous agréable, que nous nous sommes imposée, résumons en peu de mots le résultat de nos investigations, et formons la synthèse la plus claire et la plus simple possible des opinions que nous avons défendues dans le cours de notre insignifiant travail. Et qu'on ne dise pas que nous n'avons pas poussé l'impartialité jusqu'à un point presque fabuleux ; des passages entiers transcrits des auteurs que nous attaquons prouvent, si on a besoin de preuves, combien nous voulons que le critérium historique le plus froid et le plus sans passion préside toujours à toutes nos humbles appréciations. Restent par conséquent démontrés autant qu'ils peuvent se démontrer, non seulement les trois points que nous avons établis, au commencement de cet opuscule, mais encore plusieurs autres faits importants dont nous tirons les conclusions suivantes :

Premièrement. La vénérable antiquité de l'Université de Salamanque, qui date du XIIe siècle : Don Alphonse IX de Léon la fonda, *vers* l'année 1200, d'autres disent *avant* : et son fils Don Ferdinand III de Castille, le *Saint* : confirma cette fondation par Cédule Royale du 6 avril 1243, dont l'original se conserve dans le même Etablissement.

Secondement. Dans le premier siècle de sa création, elle commença à obtenir une célébrité juste et méritée, considérablement augmentée depuis, par l'abondance et l'excellence de son enseignement, la réputation de ses maîtres, le concours de ses écoliers nationaux et étrangers, les franchises, privilèges et exemptions dont ils y jouissaient plus que dans toute autre. Elle fut la seconde Université du monde dans l'ordre hiérarchique, bien souvent et sous d'autres rapports, la première, rang qu'elle occupa dès l'abord, parmi toutes celles d'Espagne. Il n'y eut pas un grand fait dans lequel elle n'intervint, surtout aux XVe et XVIe siècles ; et, enfin placée à l'avant-garde de la culture et de la civilisation, elle offrait des légions compactes de savants, sur toute l'immense échelle des connaissances humaines.

Troisièmement. L'Espagne, si calomnieusement traitée par beaucoup d'étrangers, à cette époque et à d'autres époques de sa très glorieuse histoire, fut l'unique nation d'Europe qui écouta Christophe Colomb, patrona son projet, et mit à exécution, après avoir terminé à peine l'héroïque guerre de près de huit siècles, la plus grande de toutes les découvertes, pendant qu'eux, les étrangers qui nous accusent si injustement, repoussaient les offres de Colomb, dont l'accueil par les espagnols leur cause maintenant tant d'envie et de dédain.

Il n'est pas constant que ce projet ait été soumis d'office à l'examen de l'Université de Salamanque, mais de toutes manières, loin d'avoir repoussé son auteur, de l'avoir tenu pour fou et visionnaire, beaucoup de ses maîtres l'écoutèrent avec bienveillance, et son couvent de Saint-Etienne lui donna l'hospitalité la plus libérale, lui fournissant l'entretien avant, pendant et après les fameuses conférences. Il y eut là, comme cela ne pouvait moins d'éxister des divergences d'opinions ; beaucoup de membres, toutefois, adoptèrent ses théories et attirèrent à leur opinion les hommes les plus célèbres de l'Ecole.

Ce fait reconnu, il est clair et indubitable que la majorité, ou pour le moins, une partie très respectable de l'assemblée approuva le projet de Colomb, parce que c'est là et non autre chose ce que signifie en espagnol adhérer, déférer à l'opinion de ceux qui l'approuvèrent. Le seul aveu de ces deux derniers points si importants, fait par les respectables auteurs que nous avons attaqués, prouve, non seulement jusqu'à l'évidence, la fausseté historique du rapport défavorable de la junte de Salamanque, mais il absout complètement son École immortelle, si le projet lui avait été soumis, de la note par laquelle on a essayé de souiller la renommée jusqu'à présent si pure et si brillante.

Mais, si comme l'affirment quelques-uns des historiens que nous avons attaqués, la junte de cosmographes eut l'ordre de se réunir à Salamanque, il est clair que beaucoup de ses membres viendraient d'ailleurs la composer, et l'on ignore en tous points si ces derniers précisément formèrent la minorité qui approuva le projet de Colomb. Tant qu'on ne produira pas un document probant qui justifie ce dernier point, il résulte toujours en faveur de Salamanque le fait positif et indéniable que les maîtres du couvent de Saint-Etienne et quelques autres membres du dehors, qui assistèrent aux conférences, tous professeurs et docteurs de l'Université, furent du parti de Colomb et approuvèrent son fameux projet. Le plus célèbre de tous, l'intelligent et vénérable Deza, se rendit avec lui à la Cour, paya son voyage et son séjour, et le présenta aux Rois Catholiques, et se faisant le très digne et très autorisé organe de la minorité de l'assemblée, comme les uns le veulent, ou l'écho de cette presque unanime approbation qu'y trouva le projet de l'immortel cosmographe, comme c'est démontré et plus vraisemblable, il parla éloquemment en sa faveur, fit intervenir la très haute influence dont il jouissait à la Cour, obtint heureusement que l'opinion éclairée et décisive de la réunion de Salamanque prévalut dans l'esprit des Rois, et fit résoudre, enfin, plus ou moins tard, l'entreprise si contrariée et si combattue. Les nouveaux obstacles qui s'opposèrent ensuite ne doivent jamais s'attribuer au supposé rapport défavorable de la junte, dont le vote, même unanime en faveur du projet, n'aurait pu triompher du manque de ressources, des besoins absorbants de la guerre et des préjugés élevés d'un autre genre qui ajournaient indéfiniment la résolution de cette grave affaire. Ainsi la vérité historique dissipant les épaisses ténèbres de conjectures sans fondement, brille, comme le soleil, splendide et sublime, et détruit les erreurs, les fables et les ridicules vulgaires de la calomnie et de l'envie.

C'est de cette ignoble passion que souffrent d'ordinaire beaucoup d'écrivains étrangers, soit qu'ils décrivent ou dépeignent nos mœurs et nos coutumes qu'ils altèrent et faussent sciemment, soit qu'ils grossissent et exagèrent les vices et les défauts de notre nation ; qu'ils exposent les faits les plus mémorables de notre glorieuse histoire, ou bien qu'ils nous critiquent et nous calomnient pour les moyens que nous employons dans la découverte, la conquête et la civilisation de nos vastes colonies si convoitées par eux. Il est par dessus tout extrêmement singulier et lamentable qu'il y ait aussi des écrivains espagnols qui accueillent sans examen ces erreurs historiques, les divulguent dans leurs ouvrages, sans le salutaire correctif que pourrait et devrait leur opposer leur conscience de bons espagnols et de publicistes véridiques [1].

[1] On peut consulter aussi, comme publiés postérieurement à 1858, date de la première édition de cette brochurre, les ouvrages, revues et périodiques suivants :

L'Université de Salamanque ne mendie pas un laurier de plus, quand il y en a tant qui chargent son noble et vénérable front ; elle ne sollicite pas de vains titres, de vains honneurs, quand elle en a du reste, de très légitimes à présenter avec un noble orgueil : elle ne recherche pas, pour sa renommée, le vent de la célébrité et de la gloire. C'est d'elles qu'elle vit précisément, il y a bon nombre d'années ; c'est par elles qu'elle respire encore, en dépit de ses ennemis déclarés

Cronica naval de España, tom. VIII, articles de son Directeur D. Jorge Lasso de la Vega (Madrid, 1858). *Revue de l'Instruction publique* (France, Paris, 1859). *Discurso inaugural de esta Universidad en* 1860 por D. Pedro Manobel y Prida — *Reseña historica de los progresos de la Geografia y de los viajes y descubrimientos*, etc. por D. Thomas Rodriguez Pinilla (Salamanque, 1863) — *Histoire d'Allemagne sur Charles V*, publiée par divers Allemands à Paris (1864) — *Almanaque del periodico*, *Las Novedades* de la même année, article *La Universidad de Salamanca* par D. Alvaro Gil Sanz — *Revue britannique*, nouvelle série, cinquième année, nº 2, février 1865 (Paris). — Un autre article du même Sr. Gil Sanz intitulé *Deza* y Colon inséré dans le journal *Adelante* (Salamanque, 12 avril 1866). — Trois articles du journal *El Tiempo* signés D. Juan Piñana Barzanallana (17, 19, 20 août 1872). — Orodea e Ibarra (D. Eduardo) *Curso de lecciones de Historia de España ó Estudio Crítico filosófico* etc. 7me édition, Valladolid 1878, Leçon 55, par. 3, pag. 347. La Ilustracion española y americana, année 24, nº 35 (22 septembre 1880, pag. 182) et nº 39 de la même année (22 octobre, p. 246).

ou déguisés ; c'est par elles qu'elle vivra éternellement dans les annales du monde et dans l'impérissable souvenir de la postérité la plus reculée. Elle veut seulement que l'erreur soit combattue, que les banalités soient méprisées, que la vérité et la justice triomphent enfin par les droits de la raison au tribunal de l'histoire.

DOMINGO DONCEL Y ORDAZ.

Salamanque, Novembre 1881.

Christophe Colomb

ET

L'UNIVERSITÉ DE SALAMANQUE

Pendant longtemps, l'opinion courante, parmi les écrivains les plus accrédités d'Amérique et d'Europe, a été que l'Université de Salamanque, l'antique et glorieuse École fondée par Alphonse IX, appelée à émettre son avis sur les projets que Christophe Colomb soumettrait à la protection des Rois de Castille, s'était exprimée dans un sens défavorable à ses prétentions ; elle se serait fondée sur des raisons qui, si elles étaient exactes, feraient très peu d'honneur à l'éclat de son nom.

L'historien américain Washington Irving, [1] suivant toutes probabilités, est le premier qui a donné corps à cette idée ; l'anglais William

1 Histoire de la Vie et des Voyages de Christophe Colomb.

H. Prescott [1] l'a propagée : l'italien, César Cantú [2] l'a généralisée ; et le français, Roselly de Lorgues [3] l'a popularisée, en lui donnant des formes et un style dramatiques.

Le bon sens qui distingue en général ces quatre écrivains, l'incontestable autorité dont ils jouissent, leur provenance de quatre nations différentes, illustres toutes, et la grande circulation de leurs ouvrages, ont contribué, il n'y a pas de doute, à ce que l'on ait pris pour un fait évident, ce que des travaux et des publications postérieures ont fait voir manquant de tout fondement historique.

C'est aujourd'hui un fait prouvé et démontré, autant que peuvent être démontrés ces sujets d'investigation historique, que l'Université de Salamanque ne fut consultée, en tant que corps scientifique, ni officiellement ni particulièrement, sur les voyages projetés de Colomb ; et qu'elle ne formula aucun avis ni favorable ni contraire sur les dits projets. Disons plus : on peut affirmer que les célèbres conférences tenues par Christophe Colomb à Salamanque, conférences ridiculement décrites par des écrivains étrangers et plus

[1] Histoire des Rois catholiques.

[2] Histoire Universelle.

[3] Histoire de la Vie et des Voyages de Christophe Colomb.

ridiculement représentées dans des gravures et des peintures, n'ont jamais été des conférences officielles et publiques telles qu'on les suppose, ni qu'elles ont produit le résultat qu'on leur attribue. Ces conférences, si elles méritent un tel nom, revêtirent un caractère purement confidentiel et privé : elles n'eurent, dans notre opinion, pas plus d'importance que celle qu'on accorde aux conférences tenues peu de temps avant à Cordoue, et à celles qui eurent lieu quelque temps après à Séville.

La présence de Christophe Colomb provoquait ces petits concours. Partout où sa personne apparaissait, là accouraient pour l'écouter, poussés par une curiosité naturelle, attirés par la renommée de ses étranges doctrines, les nobles, les savants et les hauts dignitaires de l'Église et de l'Etat. Il était naturel qu'à Salamanque ses docteurs et ses maîtres illustres se réunissent pour l'entendre, alors surtout que Colomb, emmené par la Cour des Rois, se présentait encore sous le patronage d'un homme aussi illustre que Fr. Diégo de Deza.

Il y a quarante ans ces affirmations auraient paru assez aventurées et téméraires. Aujourd'hui, loin de surprendre personne, elles sont dans la conscience de tous ceux qui, sans prévention aucune et d'un esprit calme, ont examiné les curieux et érudits travaux publiés sur ce sujet. C'est en nous fondant sur l'autorité de ces travaux, plus que sur notre propre critérium, que nous allons entreprendre l'agréable tâche de venger la noble École de Salamanque de l'outrage que lui infligent des écrivains étrangers, émules, sinon jaloux, de nos gloires nationales.

Il y a une période dans la vie de Colomb, période d'un véritable intérêt dramatique, où tout est doutes et confusions. Tant sont contradictoires et incomplets les détails qui nous en sont parvenus jusqu'à nous ! Cette période est l'époque de sa vie où il figure comme solliciteur à la Cour de Castille. Sept ans Christophe Colomb sollicita la protection des Rois de Castille ; lui-même nous le répète plusieurs fois dans ses lettres. « Sept ans j'ai passé ici dans leur Royale Cour, disputant sur le fait, avec tant de personnes d'autorité et de savants dans tous les arts ; et enfin, ils ont conclu que tout était vain, et là-dessus, ils se sont désisté du projet. » — « Sept ans, nous dit-il, dans une autre lettre, j'ai été dans leur Royale Cour, et tous ceux à qui on parla de cette entreprise, tous dirent unanimement que c'était une plaisanterie. » — Tous ceux qui surent quelque chose de mon entreprise, ajoute-t-il, la nièrent avec un rire de moquerie... chez tous elle produisit incrédulité..... ils la tinrent pour impossible.... tous d'un même côté la tenant pour une plaisanterie, *sauf deux frailes qui furent toujours constants.*

Les phrases que nous venons de transcrire, tirées des diverses lettres que Colomb adressa aux Rois Catholiques, lettres qui gardées dans les archives de la maison du Duc de Veraguas et de l'Eglise métropolitaine de Séville, ont été mises au jour, en l'année 1826, dans la « Collection des Voyages et découvertes » publiée par D. Martin Fernandez Navarrete, permettent d'affirmer avec une entière assurance les faits suivants :

1° Christophe Colomb arriva en Espagne, en 1484 : puisque, en 1492, il partit du Port de Palos pour sa première expédition.

2° Dans les sept années écoulées de 1484 à 1492, Colomb obligé de suivre la Cour dans sa fatale mobilité, tint des conférences nombreuses et variées avec des personnes de toutes classes et de toutes catégories qui, règle générale, regardèrent ses entreprises comme impossibles et visionnaires.

3° Il y eut, néanmoins, quelques personnes, et plus spécialement les frailes qui se séparèrent du sentiment commun des autres, prirent au sérieux les projets du marin génois et lui prêtèrent constamment aide et protection.

Christophe Colomb fit sa première apparition en Espagne, au couvent des religieux de la Rabida, situé à une très courte distance de ce même port de Palos, en Andalousie, d'où sept ans après, et sans doute aucun de son propre choix, il se lança avec trois pauvres caravelles sur les solitudes de l'Océan. Ce détail se doit au médecin du port Garcia Hernandez qui l'a laissé écrit, avec toutes les circonstances dramatiques qui l'ont accompagné, dans la déclaration qu'il fit quelques années après, lors du procès suivie par D. Diégo Colomb contre le Fiscal du Roi. C'est de là que l'ont pris tous les historiens et tous les poètes.

C'est au Couvent de la Rabida, dans cette humble retraite consacrée à la prière, qu'il connut son grand ami Fr. Juan Perez de Marchena, un des deux religieux dont l'adhésion lui fut toujours constante, suivant son propre témoignage. Ce religieux est le même que l'historien des Indes Fr. Bartolomé de las Casas cite, sans doute par erreur, sous le nom de Fr. Antonio ; c'est le même qu'Isabelle la Catholique proposait à Colomb, pour qu'il en fît le compagnon de ses voyages, en se fondant précisément sur ce qu'il était bon astrologue et qu'il avait toujours été de son avis. [1].

Voici maintenant l'intéressante déclaration du médecin Garcia Hernandez : « qu'il sait que le dit Almirante venant, à son arrivée avec son fils D. Diégo qui est maintenant Almirante, à pied, se rendit à la Rabida qui est un monastère de frailes de cette ville, à la porte duquel il demanda qu'on lui donnât, pour ce petit qui était un enfant, du pain et de l'eau à boire : et que, lui, en étant là témoin, une fraile qui s'appelait Fr. Juan Perez qui est aujourd'hui défunt voulut parler avec le dit D. Christophe

[1] Lettre de la reine Isabelle à Colomb en date du 5 septembre 1493, publiée par Navarrete. La circonstance de désigner dans cette lettre Marchena sous le nom de Fr. Antonio, comme le fait aussi Las Casas, a fourni l'occasion de quelques doutes. Le Sr. Rodriguez Pinilla, dans son histoire de la Géographie, se fondant sur ce document et sur le caractère de confesseur de Fr. Juan Perez, suppose que les religieux désignés par ces deux noms étaient deux personnages distincts. Nous regrettons d'avoir à penser différemment de l'opinion de cet écrivain éclairé. Fr. Juan Perez avait été confesseur de la Reine, comme le furent ensuite Fr. Fernando de Talavera et Fr. Diego de Deza ; mais ce n'est pas là une raison, selon nous, pour qu'il n'allât pas aux Indes. Bien au contraire, la confiance même qu'il inspirait à la Reine dut la décider à le proposer pour compagnon à Colomb. Le nom d'Antonio est une équivoque, facile à se produire dans des documents que les Rois signent et ne rédigent pas ; c'est peut-être un nom de couvent. (N'est-ce pas un des prénoms de Marchena, Fray Juan Antonio Perez de Marchena ?)

Colomb, et le voyant, à sa langue, appartenir à une autre terre et à un royaume étranger, il lui demanda qui il était et d'où il venait...... Colomb lui raconta qu'il venait découragé de la Cour de son Altesse... et que beaucoup des chevaliers et autres personnes qui se trouvèrent là, au dit raisonnement, lui volèrent sa parole, que ce ne fut pas un accueil, au contraire, ils se moquaient de sa raison... que le dit Colomb, voyant son raisonnement dissous dans si peu de connaissance de ce qu'il offrait de faire et d'accomplir, était venu, lui, de la Cour, et se rendait directement de cette ville à la ville d'Huelva..... que le dit fraile, voyant son raisonnement, envoya appeler le témoin, avec lequel il entretenait une très grande liaison d'amitié, et parce qu'il savait quelque chose de l'art astronomique, pour qu'il parlât avec le dit Christophe Colomb et vît le raisonnement sur ce fait de la découverte ; et que le dit témoin vint immédiatement, et qu'ils parlèrent tous trois sur le dit fait ; et que de là ils choisirent un homme qui portât une lettre à la Reine doña Isabel (qu'elle soit dans la sainte gloire) du dit Fr. Juan Perez qui était son confesseur..... et la Reine lui envoya 20.000 maravelis en florins pour que Colomb se vêtît honnêtement et s'achetât un petit vêtement et parût devant S. A. »

De la relation qui précède, on déduit que Colomb venait du Portugal où la méfiance de cette Cour et l'opposition de l'évêque D. Diégo de Calzadilla avaient fatigué sa patience. C'est au Roi du Portugal et à sa Cour que Garcia Hernandez se rapportait quand il disait que « *Colomb venait découragé de la Cour de S. A.* » Quelques historiens [1] croyant que par les paroles transcrites, Colomb se rapportait au Roi et à la Cour de Castille, en ont déduit que le fait rapporté par Garcia Hernandez dut se passer vers la fin de 1491 ou vers le commencement de 1492 ; et par conséquent que Colomb n'arriva au couvent de la Rabida et ne connut pas Fr. Juan de Marchena jusqu'à cette époque.

Il n'y a, cependant, rien de plus opposé à la vérité ; toute l'équivoque procède de l'application au roi de Castille de mots qui se rapportent au Roi du Portugal. C'est, donc, un fait indubitable l'amitié de Fray Juan Perez de Marchena et de Christophe Colomb date de l'année 1484 ; et elle fut si constante, que Colomb le rappelait dans ses jours les plus heureux, comme dans les jours les plus amers de sa vie.

Fr. Juan Perez de Marchena ne se borna pas à

[1] Herrera, Gomara, Oviedo, El Fr. Remesal, D. Tomas Rodriguez Pinilla et d'autres.

des offres stériles. Il envoya, d'après ce que nous dit le témoin Garcia Hernandez, un homme de confiance à la Cour avec une lettre pour la Reine, et la Reine, appréciant la recommandation de son confesseur, remit 20.000 maravedis en florins «*pour que Colomb s'habillât honnêtement et s'achetât un petit vêtement et parût devant S. A.*»

On doit supposer l'empressement que se donnerait Colomb pour obéir aux ordres de la Reine. Grâce à la munificence de cette auguste Princesse, il pouvait se présenter décemment à la Cour. Désormais il n'aurait plus à voyager à pied, ni à demander à la porte des couvents, du pain et de l'eau pour son tendre enfant. Ce seul fait démontre, en outre, contrairement à ce que des écrivains érudits sont venus affirmer jusqu'à aujourd'hui, que dès le principe Colomb trouva bon accueil et ressources pécuniaires à la cour de Castille.

Il n'est pas certain non plus, comme l'assure l'historien Oviedo, que Colomb *portait la cape usée et déchirée, et que pour cela on le tenait pour un fabuleux rêveur.* Par le témoignage de Garcia Hernandez, nous avons vu que la Reine Isabelle pourvut bientôt généreusement aux besoins de Colomb. Des découvertes postérieures ont montré que, au 20 janvier 1486, Colomb était déjà admis au service des Rois Catholiques, et que, comme attaché à leur maison, il voyageait avec la Cour et jouissait d'un traitement ou pension convenable.

L'historien Irving assure que Colomb partit de la Rabida pour la Cour pourvu d'une lettre de recommandation que lui aurait donnée Fr. Juan Perez de Marchena pour le confesseur de la Reine Fr. Fernando de Talavera. Si ce fait n'est pas prouvé, ni encore l'accueil que lui fit le religieux hiéronymite, il reste établi dans l'histoire que Colomb fut bien reçu par les Rois qui écoutèrent sa relation avec intérêt, et qu'il trouva immédiatement dans le duc de Medinaceli dans le nonce Giraldini, dans le cardinal Mendoza, dans le trésorier Alonso de Quintanilla et dans d'autres personnages de la Cour, autant de défenseurs de son projet.

En Portugal, Colomb avait tenu des conférences publiques et particulières. A la Rabida, il en tint de nouveau devant les religieux de cette maison, le médecin Garcia Hernandez et beaucoup de marins de Palos, de Moguer, des parents ou des amis de Marchena, s'y rendirent, attirés par celui-ci pour entendre les projets du Génois. A en juger par ce que nous dit Colomb lui-même, les auditeurs ne furent pas très favorables à ses plans ; il affirma, en effet, dans ses lettres, qu'il *n'y eut ni pilote, ni marin, ni philosophe, ni de toute autre science, qui ne dît que son entreprise était fausse.*

Si nous devons en croire l'historien Irving, Colomb n'obtint pas d'être entendu des Rois Catholiques, jusque vers la fin de 1486. Occupés des préparatifs de la guerre, alors plus active et plus ardente que jamais, les Rois, dans l'opinion de cet écrivain, n'eurent ni le temps ni le lieu de donner leur attention à des projets de découvertes, *en général qualifiés de simples rêves d'enthousiame.* Sur la fin de 1486, d'après Irving, le cardinal Mendoza, finalement décidé à patroner l'illustre marin, lui procura une audience royale ; et cette audience eut pour résultat de faire donner par Ferdinand le Catholique mission à son confesseur Fr. Fernando Talavera « *de réunir une assemblée des astronomes et des cosmographes les plus entendus d'Espagne, pour qu'ils eussent une conférence avec Colomb, examinassent les bases de sa théorie, se consultassent entre eux ensuite et exposassent leur opinion.* »

Toutes les opinions d'Irving sont un peu suspectes ; en effet, dans ce même passage [1], il *affirme* que Colomb arriva à Cordoue, transformée en

[1] Liv. II, chap. III.

campement militaire, au commencement de 1486 ; qu'il y séjourna durant l'été et l'automne de cette année, s'entretenant par le travail de dessiner des lettres et des cartes de géographie. Les faits démentent ces paroles ; puisqu'il est constant,par le témoignage de Colomb même,que,en janvier 1486, il étais déjà admis au service des Rois, et que, dès 1484, nous l'avons vu, il recevait des secours de la Reine. D'autre part, il n'est pas même vraisemblable que la recommandation du P. Marchena, si bien accueillie comme nous l'avons démontré par la déclaration de Garcia Hernandez eût été si tôt dédaignée, au point de différer, pendant deux années, la réception de ce même Colomb à qui la Reine ordonnait, en 1484, de se présenter à la Cour. Celle qui reçut immédiatement l'homme qui portait la lettre de Marchena, devait recevoir encore mieux le recommandé du confesseur. La relation d'Irving, outre qu'elle n'est fondée sur aucun document, manque donc de toute vraisemblance ; de pareilles erreurs chez des écrivains si distingués ne s'expliquent que par l'obscurité qui règne sur les premiers pas de Colomb. L'illustre marin dut être immédiatement reçu ; et la protection décidée des Mendoza, des Giraldini, Medinaceli et autres, est pour nous un indice certain de l'estime où il fut tout d'abord tenu par les Rois.

Colomb resta à Cordoue durant 1486, parce que la Cour eut sa résidence à Cordoue, durant cette année-là. Le rebellion du comte de Lemos, où des motifs de piété, comme le veulent quelques écrivains, firent passer les Rois Catholiques en Galice, d'où ils revinrent à Salamanque, dans l'hiver de cette année [1]. Les Rois une fois dans cette cité, Christophe Colomb y apparaît. Sa destinée n'était-elle pas : suivre la cour dans ses mouvements.

C'est là un fait sur lequel tous les historiens sont d'accord. Sur la date seulement quelques-uns, tels que César Cantú, La Fuente et d'autres, se sont trompés, en la fixant en 1484. Ni Irving, ni Prescott, ni les historiens de Salamanque Gil Gonzalez et Dorado n'en ont fait autant, ils l'ont établie en 1486.

Tous les historiens sont aussi d'accord sur ce que Christophe Colomb reçut l'hospitalité au couvent des religieux dominicains de Saint-Etienne où il arriva, sous l'aide et protection de son prieur le M. Fr. Diego de Deza qui lui fit le plus bienveillant accueil. C'est le second des deux religieux dont Colomb disait qu'ils lui avaient été toujours constants.

[1] Suivant le cronicon de Valladolid, ils entrèrent à Salamanque le 20 novembre 1486 et y restèrent jusqu'au 20 janvier 1487.

Mais d'où procédait l'étroite amitié qui unissait le religieux au marin. Voilà un autre point noir que l'histoire n'est pas encore parvenue à éclaircir. Tout fait, néanmoins, présumer, comme le fait judicieusement observer Rodriguez Pinilla, dans son histoire de la Géographie, que Colomb et Fr. Diego de Deza se connaissaient depuis Cordoue, où le dominicain dut passer l'été de 1486, et où il entendit le marin, dans une de ces conférences auxquelles il avait si fréquemment recours pour convaincre les incrédules et attirer des partisans à sa cause.

Fr. Diego fut dès le principe un partisan résolu de Colomb. C'est aussi un point sur lequel sont d'accords tous les historiens, tant les anciens que les modernes. Tous conviennent unanimement que c'est à l'adhésion constante du religieux, à son influence à la Cour comme confesseur de la Reine et gouverneur du prince D. Juan, que Colomb dût principalement le triomphe de sa cause. Lui-même nous l'a dit dans ses lettres [1], et son historien D. Fernando, [2] et son intime confident Fr. Bartolomé de las Casas [3] le répètent : « Les Indes se doivent à Fr. Diego de Deza et aux do-

1 Cartas publiées par Navarrete.

2 Histoire del Almirante.

3 Histoire des Indes.

minicains de Saint-Etienne de Salamanque. »

Peut-être, et cette présomption ne manque pas d'une certaine importance, quelques motifs de secrète rivalité personnelle n'étaient pas tout à fait étrangers à la ferme protection du P. Deza. Le dédain avec lequel le moine *jéronyme* Fr. Fernando de Talavera, plus vulgairement connu sous le nom de Prieur del Prado, avait toujours traité Colomb, fut probablement une considération très particulière pour que le *Dominicain* Deza le protégeât. On sait les rivalités qui existaient alors entre les ordres religieux. Deza était, en outre, comme Talavera, confesseur des Rois ; et les deux religieux se sentaient possédés de la même noble ambition, et se disputaient la faveur des monarques.

Quoi qu'il en soit, il apparait incontestablement dans l'histoire que Christophe Colomb tint de nouvelles conférences à Salamanque et que ces conférences se tinrent au couvent des dominicains de Saint-Etienne. Mais personne jusqu'à présent n'avait dit que ces conférences étaient les conférences officielles, à l'épreuve desquelles le roi D. Ferdinand soumit les projets du Génois. Il faut arriver aux temps modernes, à notre siècle même, pour rencontrer cette idée dont l'invention s'attribue, non sans quelque fondement, à l'américain Washington Irving. Ni les historiens, ni les chroniqueurs des siècles XVe et XVIe ne la consignent, et on n'a encore cité aucun document contemporain qui la prouve. On ne trouve rien dans les chroniques de Valladolid, de Hernando del Pulgar, de Galindez Carbajal, d'Ortiz, de Zuñiga, de Salazar Mendoza et de Palencia ; rien dans les historiens des Indes, Pedro Martir de Angleria, Lucio Marinéo Siculo, Gonzalo de Oviedo, Herrera, Lopez de Gomara, Solis ; rien dans les historiens généraux, Garibay et Mariana ; rien enfin dans ses biographes et ses historiens, Fernando Colomb, Fernando Pizarro, Fr. Bartolomé de Las Casas et Agustin Justiniani [1], et cependant beaucoup de ces écrivains furent contemporains de Colomb et quelques-uns ses amis et ses confidents.

Colomb parle dans ses lettres des nombreuses personnes avec lesquelles il *s'est entretenu et il a disputé ;* il se plaint amèrement du dédain avec lequel on regarda ces pensées, pensées qu'on qualifia de rêves impossibles, quand on ne les prit pas pour une plaisanterie.

Son fils D. Fernand [2] a écrit ce qui suit : « Il

[1] Tous ces détails sont pris de la brochure publiée en 1858 par le bibliothécaire de l'Université de Salamanque D. Domingo Doncel.

[2] Histoire de l'Almirante.

vint en Castille, et laissant son fils dans un couvent appelé de la Rabida, il passa à Cordoue où était la Cour, par son affabilité et sa douceur il se lia d'amitié avec les personnes qui appréciaient sa proposition, parmi lesquelles Luis de Santángel, gentilhomme aragonais, notaire de la Raison de la Maison Royale, sujet d'une grande prudence et d'une grande capacité qui s'en pénétra fort bien. Il parla au Roi sur ce que l'Almirante démontrerait par la raison la possibilité de l'entreprise. Le Roi le commit *au Prieur du Prado, qui depuis fut archevêque de Grenade*, pour que avec les plus habiles cosmographes il conférât avec Colomb, jusqu'à ce qu'il fût pleinement instruit de son dessein, et qu'on l'informât de leur avis, et de les réunir ensuite de nouveau pour se déterminer sur les propositions qu'il aurait faites. *Le Prieur du Prado obéit ;* mais comme ceux qu'il avait réunis étaient des ignorants, ils ne purent rien comprendre aux discours de l'Almirante *qui ne voulait pas non plus s'expliquer beaucoup*, craignant qu'il ne lui arrivât ce qui avait eu lieu *en Portugal. Les cosmographes dirent au Roi que le projet de Colomb était impossible.....* Ainsi donc, après avoir dépensé beaucoup de temps sur cette matière, leurs Altesses répondirent à l'Almirante qu'ils se trouvaient empêchés de se livrer à de nouvelles entreprises, pour être engagés dans beaucoup d'autres guerres et conquêtes, et tout spécialement dans celle de Grenade où ils se trouvaient ; *mais qu'avec le temps il y aurait une meilleure occasion pour examiner ses propositions et traiter de l'offre.* »

Malgré toutes les observations qu'on a faites sur cette relation, motivées sur la perte du livre original d'où elle est tirée, et sur ce qu'il ne s'en conserve plus qu'une traduction d'une autre traduction faite en italien, elle est pour nous un document aussi plein de vérité que nous paraissent fausses les déductions que des écrivains contemporains ont tirées de ce même récit. Nous allons bientôt le démontrer.

Un autre document, presque contemporain de Colomb, c'est la déclaration donnée par le Docteur Rodrigo Maldonaldo dans le procès que soutint D. Diego Colomb contre le Fiscal du Roi, procès que nous avons déjà eu occasion de citer. Le Docteur Maldonado dit dans ce procès : « que lui, *avec le Prieur du Prado qui était à ce moment*, et qui fut archevêque de Grenade, et d'autres savants et des lettrés et des marins, conversèrent avec ledit Almirante sur l'allée aux dites îles, et que tous convinrent *qu'il était impossible que ce que disait l'Almirante fût la vé-*

rité, et contre l'opinion de la majorité d'entre eux, ledit Almirante s'obstina à effectuer ledit voyage. »

L'évêque de Chiapa Fr. Bartolomé de Las Casas, ami et confident de Colomb et témoin oculaire de ses découvertes, dit dans son histoire des Indes : « Avoir vu des lettres écrites de sa main même pour les Rois Catholiques, de cette île Espagnole, d'où il résulte qu'un religieux qui eût pour nom Fr. Antonio de Marchena fut celui qui l'aida le plus, pour que la Reine fût persuadée et qu'elle acceptât la demande, lequel s'exprime ainsi : VV. AA. savent déjà bien que j'ai été sept années dans leur Cour à les importuner à ce sujet ; et jamais dans tout ce temps, il ne s'est trouvé ni pilote, ni marin, ni philosophe, ni savant de toute autre science, qui n'aient dit, tous, que mon entreprise était fausse. »

Les documents transcrits prouvent d'une manière concluante les faits suivants pour quiconque se propose de rechercher la vérité historique avec l'impartialité la plus sévère.

1° Que Colomb arriva en Espagne en 1484, et qu'à ses premiers pas il trouva la protection du gardien de la Rabida, Fr. Juan Perez de Marchena.

2° Qu'il se présenta immédiatement à Cordoue

où se trouvait la Cour, à cause de la guerre de Grenade.

3° Que là le chevalier de Santángel fut le premier à parler au Roi des projets de Colomb.

4° Que le Roi, averti sans doute par la Reine, manda au Prieur du Prado de s'associer à des cosmographes intelligents et d'examiner les projets du Génois.

5° Que le Prieur du Prado obéit et qu'après en avoir conféré avec Colomb, il informa le Roi que son projet était inadmissible.

6° Que le Docteur Rodrigo Maldonado fit partie de ces conférences.

7° Que cet événement, comme l'observe fort bien le Sr Rodriguez Pinilla, dut se passer en l'année 1485, malgré que la date ait été omise par Colomb, par son fils D. Fernand, par son ami Las Casas, et par le Dr Maldonado, puisque tous, unanimement, en citant Fr. Fernando de Talavera, le désignent par le nom de *Prior del Prado qué á la sazon era* et qui fut depuis archevêque de Grenade ; or, Talavera cessa d'être prieur en 1486, par sa promotion au siège d'Avila, d'où il passa en 1491 à celui de Grenade.

8° Enfin, que les Rois catholiques, s'ils n'acceptèrent pas dès l'abord le projet de Colomb, ils ne le repoussèrent pas non plus ; qu'ils se limi-

6

tèrent à en ajourner son exécution, pour le moment où, la guerre de Grenade absorbant toute leur attention se terminant, « *il y aurait meilleure occasion pour traiter de l'offre.* »

Don Ferdinand Colomb a donc dit la vérité ; ses paroles sont parfaitement d'accord avec les faits et les témoignages que nous avons copiés. Ainsi s'explique l'apparition de Colomb, en janvier 1486, admis au service des Rois et sa venue avec la Cour à Salamanque, en novembre de cette année ; ainsi s'explique qu'il ait tenu des conférences partout et qu'aucune n'ait eu assez d'influence sur les Rois pour faire décréter l'expédition jusqu'à l'année 1491. Don Ferdinand Colon a dit la vérité ; les Rois ajournèrent jusqu'à la prise de Grenade, fin de la guerre contre les maures, le moment de traiter avec Colomb de ce qu'il offrait ; et les Rois tinrent leur parole. La puissance sarrazine vaincue, et le royaume pacifié, on signa les capitulations de Santa Fé, par lesquelles Christophe Colomb vit enfin obtenu l'objet tant désiré de ses efforts.

Ni Christophe Colomb dans ses lettres, ni Ferdinand Colomb dans sa biographie, ni Fr. Bartolomé de Las Casas dans son histoire, ni le Dr Maldonado dans son témoignage, ni aucun des historiens et chroniqueurs anciens ne nomment une seule fois Salamanque et son Ecole célèbre ; parce que tous se rapportent à une époque antérieure à la présence de Colomb dans cette ville ; à l'époque de 1485. Quand Colomb arriva à Salamanque,en 1486, les conférences officielles ordonnées par le Roi D. Ferdinand avaient eu lieu ; le Prieur du Prado avait déjà communiqué au Roi le rapport officiel du Conseil, et Colomb savait déjà officiellement la résolution d'ajournement décrétée par le Roi. Il n'existe pas de documents officiels pour ces faits, parce que tout cela dut se passer verbalement, mais les faits ne sont pas pour cela moins certains, comme le démontrent les textes transcrits ci-dessus.

En résumé, on déduit logiquement de tout ce que nous avons exposé, ce que nous avons consigné au commencement, savoir : que l'Université de Salamanque n'a été dans aucun temps consultée sur les projets de Colomb, et que les conférences que cet illustre marin tint au couvent des dominicains de Saint-Etienne furent des conférences purement confidentielles.

Quant à l'existence de ces conférences, il n'est pas possible d'en douter d'aucune manière, c'est de ces mêmes conférences que font mention les chroniqueurs et les écrivains de l'ordre

Fr. Antonio Ramesal, Fr. Salvador, Fr. Roselli, Fr. Juan Araya, Fr. Pascual Sanchez, Fontana, Melendez Prado; le biographe de Colomb Fernando Pizarre; les historiens de Salamanque Gil Gonzalez et Dorado; et les histoires générales et particulières que nous avons citées. La tradition s'accorde avec les écrivains, la raison et le bon sens confirment l'histoire et la tradition.

Ce que ni la tradition ni le bon sens ne confirment pas, ce sont les fables ridicules inventées par Irving et par Roselly pour les lancer comme un opprobre sur le nom toujours glorieux de l'illustre École de Salamanque.

La tradition constante de Salamanque reconnaît que les conférences se tinrent dans la salle qui, au couvent de Saint-Etienne, porte le nom de Salon de Profundis.

Ce salon se conserve encore dans presque la même forme qu'il avait lorsque Colomb reçut l'hospitalité au couvent. Les grandes œuvres élevées par Fr. Juan Alvarez de Tolède au XVIme siècle, œuvres qui transformèrent complètement cette maison et en firent un des monuments les plus remarquables d'Espagne, respectèrent le sombre aspect de cet antique salon. Aujourd'hui, comme au XVme siècle, cette salle est une pièce, aux vastes proportions, avec peu de fenêtres, située au rez-de-chaussée du couvent, entre le Noviciat et le Réfectoire ; c'est là que les frères se réunissaient, par suite d'une très vieille coutume, pour tenir un chapitre ou pour converser, avant les heures du chœur ou du réfectoire. Il suffit de voir cette pièce pour se convaincre qu'il ne s'est réuni là aucun conseil de savants pour discuter, avec l'apparât et l'ostentation que supposent les historiens modernes. C'est là qu'il était seulement permis à quelques humbles religieux de se réunir pour converser dans le sein de la plus étroite confidence. Quand on regarde ces parois nues, ces dalles humides, et cet ensemble sombre, quand on se rappelle ces gravures qui circulent partout, représentant Colomb debout devant une table et sur la table *un globe sphérique* et, sur de superbes gradins, des révérends frères assis revêtus de leurs *capas de coro*, et de vénérables prélats *avec mitre et pectoral*, le rire monte involontairement aux lèvres. On ne peut rien imaginer de plus grotesque, et offrant en même temps plus d'anachronisme et de fausseté, que de semblables représentations.

Elles n'ont d'égales, pour la fausseté et la calomnie, que les pittoresques descriptions du conseil et des conférences que l'imagination des écrivains a inventées.

Washington Irving [1] s'écrie dans un élan d'enthousiasme : « Quel admirable spectacle doit présenter cette antique salle du couvent dans une conférence si mémorable ! » Parce que pour Irving c'est une chose incontestable que les conférences officielles prescrites par le Roi D. Ferdinand se tinrent à Salamanque ; parce qu'il croit fermement que ces conférences furent celles du couvent de Saint-Etienne, que c'est là que se rendit, pour les présider, le père hiéronymite Fr. Fernando de Talavera, qu'il y convoqua nos professeurs d'astronomie, de géographie, de mathématiques, d'autres doctes religieux et de hauts dignitaires de l'Eglise ; il raconte les objections que ces savants présentèrent au marin, par les passages de Lactance et de saint Augustin ; il rapporte les réponses faites par Colomb ; enfin, il se permet de supposer « *que beaucoup de ces objections sont arrivées jusqu'à nous et ont excité plus d'un sourire aux dépens de l'Université de Salamanque.* »

De quel droit l'écrivain américain vient-il mêler le respectable nom de l'Université dans un sujet où, de son propre aveu, ce n'est pas l'Université qui fut consultée, mais une assemblée de

[1] Vie et Voyages de Christophe Colomb, liv. II, chap. IV.

cosmographes et de mathématiciens? Y a-t-il d'un autre côté rien de plus invraisemblable et de plus absurde qu'une assemblée réunie et présidée par un moine hiéronymite, précisément dans un couvent de dominicains et dans une maison dont le Prieur était un rival de Talavera?

Si le conseil officiel qui jugea Colomb avait été convoqué à Salamanque, ce conseil se serait réuni à l'Université et non pas dans une obscure salle basse et sans lumière d'un couvent; et ce conseil se serait exclusivement composé de professeurs de l'École. Si l'Université de Salamanque avait été consultée par les Rois, le confesseur du Roi, Fr. Fernando de Talavera n'avait assurément aucun rôle à y remplir. Si l'Université de Salamanque avait été consultée, de sa consultation et de l'avis qu'elle aurait émis, il existerait des données plus ou moins complètes qui l'attesteraient; or, on n'en rencontre pas un vestige, pas même une référence, ni dans ses archives, ni dans les registres de ses actes, ni dans ses mémoires.

Washington Irving a lu dans les historiens de Salamanque et dans les chroniqueurs de l'ordre des dominicains, que Colomb reçut l'hospitalité au couvent de Saint-Etienne, qu'il y tint des conférences, qu'il y disputa avec les religieux et les professeurs qui accoururent pour l'entendre. Washington Irving avait lu avant, dans l'histoire écrite par Ferdinand Colomb, qu'une réunion de cosmographes, de mathématiciens et de religieux présidées par Fr. Fernando de Talavera, avait eu des conférences avec Colomb ; et qu'après avoir épuisé sa patience par des arguments, pour la majeure partie d'un caractère religieux, ils lui avaient fait perdre l'espérance, en informant les Rois que son projet était impossible. Cet écrivain américain, confondant en un seul deux événements distincts, a attribué aux conversations confidentielles que Colomb eut au couvent de Saint-Etienne, ce que l'historien de l'Almirante rapporte de la réunion convoquée et présidée par Talavera. Ce publiciste distingué se montre avec un tel aveuglement sur ce fait particulier qu'il ne remarque pas, en citant le P. Las Casas, comme une autorité sur la matière, que le P. Las Casas n'a jamais nommé pour rien l'Université de Salamanque, qu'il n'a jamais fait mention de ses célèbres conférences, que ses paroles, comme celles de Ferdinand Colomb, se rapportent aux conférences officielles tenues avec le Prieur du Prado, Fr. Fernando de Talavera. L'écrivain américain ne cite pas, et il ne lui était pas possible de les citer, les documents et les sources où il puisait ses détails; s'il les avait cités, son erreur serait devenue bientôt manifeste. Et puisque c'est aux historiens de Salamanque et aux chroniqueurs de l'ordre des dominicains qu'il a emprunté le détail sur les conférences que Colomb tint au couvent de Saint-Etienne, il aurait dû prendre aussi de ces écrivains leurs récits sur le résultat de ce concours scientifique; ce serait à la fin plus excusable.

Là il avait Bernard Dorado et Gil Gonzalez Davila [1], qui assurent unanimement que Fr. Diego de Deza qui écoutait le Génois avec une attention particulière, réunit divers mathématiciens et professeurs de l'Université, et que ces docteurs, après diverses conférences avec Colomb, convinrent unanimement *que le projet était réalisable* et que le P. Deza resta chargé d'informer les Rois de cette affaire.

Là il aurait vu Fr. Salvador Roselli [2] affirmer, en se référant à beaucoup d'écrivains contemporains, que Colomb était venu spontanément à Salamanque, et que ses savants et ses maîtres, l'ayant entendu au couvent de Saint-Etienne, avaient approuvé sa détermination.

Là il verrait Fr. Antonio Remesal [3], et Fr. Juan

[1] Histoire de Salamanque, ch. XXXVII.
[2] Summa filosofica, tom IV, pag. 173.
[3] Histoire générale des Indes Occidentales.

de Araya [1] qui d'accord aussi sur le fonds du sujet, quoique en termes différents, conviennent sur cette résolution et sur ses conséquences.

Ces auteurs et beaucoup d'autres écrivains que nous ne citons pas pour ne pas paraître indigestes, auraient donné à Washington Irving la mesure de ce qu'avaient été les célèbres conférences de Salamanque.

Du conteste d'eux tous, il se déduit bien clairement que Colomb arriva, en 1486, à Salamanque, profitant du séjour temporaire que les Rois y faisaient; que son objet et l'objet que se proposa Deza, en réunissant au couvent de Saint-Etienne beaucoup de savants et de religieux, ne fut autre que de chercher dans l'opinion de ces savants, alors respectée dans tout le monde, un appui pour les prétentions du marin génois. Le P. Deza, véritable auteur de ces conférences, voulait opposer à l'opinion des cosmographes convoqués par Talvera l'opinion des maîtres et des professeurs de Salamanque. Leur vote, leur nombre, leur influence dans le couvent et dans le corps universitaire fournirent à Colomb ce qu'il cherchait. Deza put dire aux Rois, en se rapportant à l'opinion de la majorité des docteurs de l'Uni-

[1] Histoire M. S. du couvent de Saint-Etienne de Salamanque.

versité de Salamanque, que l'entreprise de Colomb était possible et que sa pensée devait être acceptée.

Nous voulons supposer que dans ces conférences amicales, on ait présenté à Colomb quelques observations, se fondant sur des textes empruntés aux œuvres de Lactance et de saint Augustin, et que ces arguments sont les mêmes que ceux que l'écrivain américain nous raconte avec des détails si minutieux. Est-ce là, en bonne critique, un motif suffisant pour lancer la note d'ignorants contre la classe entière des professeurs de l'illustre École de Salamanque? Le même Irving reconnaît que les observations durent partir de quelque petit nombre de religieux, retirés dans l'intérieur de leur cloître, et exclusivement consacrés aux études théologiques et par conséquent, sans connaissance des sciences géographiques. L'écrivain américain aurait pu ajouter, en toute justice, que ses objections se faisaient par des argumentations, suivant la coutume de ces temps d'ergotisme.

Contre la supposée ignorance des professeurs de Salamanque, on produit les noms illustres de l'astronome Abraham Zacut, du mathématicien Pedro Ciruelo, des astrologues Diego de Torres, Enrique de Aragon et Juan de Aguilera, tous professeurs illustres de cette Université, qui, au temps de Colomb, enseignent publiquement les sciences exactes géographiques. Comment supposer, même un instant, que des professeurs éclairés aient repoussé l'idée des antipodes et cru plane la forme de la terre ?

Washington Irving s'est fait dans cette occasion l'écho d'indignes trivialités. Chez certains écrivains c'est devenu une vieille obligation de vouloir dénigrer les savants du XVᵉ siècle, dans la croyance de relever de plus en plus la figure de Colomb. C'est une vieille et certainement bien discréditée anecdote que celle de l'œuf par lequel Colomb confondit, suppose-t-on, plusieurs courtisans, dans un banquet donné par le Cardinal Mendoza, en leur démontrant combien les découvertes paraissent faciles, après que le secret de leur existence est connu. Et néanmoins, malgré la fausseté d'une pareille anecdote, rien n'a empêché que la gravure de Théodore Brig qui la représentait ne circulât dans toute l'Europe, et que la caricature de l'anglais Hogart ne méritât, dans les temps modernes, les honneurs de la reproduction. Irving a fait avec les descriptions des conférences du couvent de Saint-Étienne, ce que les graveurs et les peintres ont fait avec les caricatures de Hogart : reproduire des contes vulgaires, aussi faux que les fables d'où ils tirent leur origine, propres tout au plus à divertir la simplicité crédule de gens vulgaires.

Le Français Roselly de Lorgues a fait beaucoup plus encore. Il lui a semblé que c'était peu ce qu'avait divulgué l'américain Irving, il a surchargé le tableau avec des couleurs à grosse brosse, et il l'a lancé à l'imagination impressionnable du public. Cet écrivain décrit les événements, comme pourrait les décrire un témoin oculaire de ces mêmes événements. Le détail le plus insignifiant n'échappe pas à sa plume prévoyante. Il nous rend compte du nombre et de la classe des conférences tenues, des personnes qui ont assisté à la réunion, des arguments présentés à Colomb, des résolutions prises par le Conseil et jusqu'au traitement que le marin génois reçut des gens du peuple. Chaque parole de Roselly contient une erreur insigne ou une vile calomnie.

Roselly suppose tout d'abord, sans prendre la peine de le démontrer, que les réunions de Salamanque revêtirent un caractère purement officiel et que les procès-verbaux de ces conférences s'écrivirent, ni plus ni moins que si nous nous trouvions au milieu des temps modernes. L'écrivain français, auquel il est fait allusion ne se contente pas de cela, mais il désigne une par une, avec leurs noms et leurs fonctions, toutes les personnes qui composèrent le Conseil ; il cite même les collèges et les couvents qui furent représentês dans ses réunions. Le P. Fr. Fernando de Talavera les présidait ; le docteur en droit Rodrigo Maldonado était vice président du Conseil ; prenaient place dans la réunion, le Nonce M. Bartolomé Scandiano, son neveu Paulo Olivieri, l'ex-Nonce M. Antonio Geraldini, son frère Alejandro Geraldini, le doyen Diego de Muro, le professeur Gutierrez de Tolède, le sicilien Pedro Blaniardo, son compatriote Lucio Marineo Siculo, les professeurs Villa Sandino, Pedro Pontea et Juan Sevilla, le docteur Gaspar Torrella, Arias, Fr. Diego de Deza et jusqu'aux dames illustres D^a^. Lucia Medrano, D^a^. Beatrix Galindo, D^a^. Florencia Pinar et D^a^. Francisca de Oreja [1]. La Reine, dit-il, n'y assista pas, malgré son habitude d'honorer de sa présence les grades de Licencié et de Docteur, pour ne pas troubler les débats et par son opinion influer sur le Conseil.

Roselly nous raconte jusqu'à la manière dont les séances se tenaient : puis il affirme très sérieusement qu'il y avait des séances publiques

[1] Elles avaient obtenu sans doute un privilège pour pénétrer dans le couvent.

où la multitude était admise et des séances secrètes où le Conseil, après avoir pesé la force des arguments de Colomb, examinait les citations et préparait de nouvelles objections pour la réunion suivante. Il rapporte la prévention avec laquelle Colomb fut reçu et entendu par le Conseil ; les arguments qu'on lui présenta ; la dérision avec laquelle les barbiers de la cité et les bedeaux de l'Université traitèrent sa personne ; il parle des collèges du Roi, de Calatrava, d'Oviedo, des Irlandais, des Orphelins, de Saint-Pélage et de beaucoup d'autres encore, comme s'ils existaïent déjà à cette époque, et tout cela avec le laisser-aller le plus enchanteur.

C'est véritablement admirable que de pareilles bévues se soient écrites ; mais c'est encore plus admirable que ces bévues aient circulé dans le monde et qu'elles aient obtenu des lettres de naturalisation, auprès de personnes éclairées et parmi des nations les plus cultivées. Roselly de Lorgues ne cite pas les sources où il a puisé ses renseignements, parce que de pareilles sources n'existent que dans l'imagination de ce plaisant écrivain. Roselly de Lorgues prend de Ferdinand Colomb le détail sur les conférences et les arguments que quelques théologiens y présentèrent au marin génois ; il prend du P. Las Casas et d'autres vieux chroniqueurs, le souvenir que l'almirante consacra aux dominicains du couvent de Saint-Etienne ; il prend de l'historien Irving la relation des conférences tenues à Salamanque ; il prend enfin, des historiens et des chroniqueurs de l'époque, les noms des personnages les plus illustres de ce temps et, avec tous ces éléments, il fabrique un roman aussi absurde qu'invraisemblable. Ce roman est un grossier tissu d'inexactitudes et d'erreurs.

C'est une erreur, et une erreur certainement énorme, de donner comme existant en 1486, des collèges tels que celui du Roi, de Calatrava, d'Oviedo, de Cuenca, des Irlandais, des Orphelins et de Saint-Pélage, qui ne se sont fondés que bien avant dans le XVIe siècle.

C'est une erreur de supposer en 1486 l'existence de couvents tels que ceux de franciscains, d'augustins, de bernardins, de trinitaires, de minimes et de carmélites qui n'existèrent à Salamanque qu'aux XVIe et XVIIe siècles.

C'est une erreur non moins grave que de compter parmi les personnes assistant aux débats qui avaient lieu au couvent de Salamanque, les nonces, ex-nonces, hauts dignitaires, écrivains et docteurs que l'historien cite ; parce qu'aucun d'eux n'accompagna la Cour, durant son court séjour à Salamanque, et que quelques-uns n'existaient même pas dans ce temps.

C'est une erreur très grave d'affirmer que les Rois Catholiques assistaient aux grades universitaires ; puisque l'Université, qui a eu bien soin,en tous temps,de consigner dans ses pages les visites de cette nature, n'a jamais conservé le souvenir de la présence des Rois Catholiques aux actes académiques ; qu'elle a uniquement constaté qu'ils se bornèrent à visiter l'*Estudio General* et à confirmer ses rentes et privilèges.

C'est une erreur encore plus grande et plus transcendente d'assurer, sans aucune donnée qui la justifie, que les conférences avec Colomb eurent un caractère officiel, qu'on leva et rédigea des procès-verbaux des séances. Il n'existe ni à Salamanque, dans ses mémorables archives, dans ses chroniques, ni dans ses glorieuses traditions, aucun antécédent qui prouve une assertion aussi hasardée que gratuite; si celui, qui l'a avancée, avait la prétention d'être cru, il avait aussi le devoir de la prouver.

Si l'on déduit toutes ces fausses indications, que reste-t-il de la relation de l'écrivain à qui nous faisons allusion? Il reste le fait du bruyant accueil que les groupes populaires firent, au dire de cet écrivain,à Christophe Colomb, à Salamanque;

il reste le fait du jugement défavorable que le professeurs de son École portèrent sur ses projets

L'écrivain français suppose que les foules insultèrent Colomb, et que, tenu pour fou dans l'opinion publique, il fut expulsé de l'Université par les bedeaux. Jusqu'aux muletiers, jusqu'aux nourrices, s'écrie-t-il, tous surent qu'un étranger prétendait faire croire que la terre était ronde, qu'il y a des pays où les hommes marchent la tête en bas et que, si on navigue vers l'Occident, on pourrait revenir par l'Orient au même point de départ.

Est-il sérieux, est-il même bienséant de calomnier ainsi un peuple entier, le plus spirituel du monde en ces temps et qui avait toujours donné de grandes preuves de bon sens et d'élévation de pensée? Est-il sérieux, est-il même bienséant de supposer que, dans des conférences purement scientifiques, on permît d'entrer à la corporation entière des barbiers, par suite, le fait serait-il certain, que cette corporation gardait son étendard dans l'Eglise du couvent? L'écrivain qui donne son assentiment à de pareilles sottises ne dégrade-t-il pas, ne rabaisse-t-il pas sa dignité? Qui, dans Salamanque, aurait osé, nous ne dirons pas insulter ou siffler, mais même encore regarder, avec mépris, l'étranger qui, admis au service des Rois, se présentait à leur Cour, sous la sauvegarde et la protection de Fr. Diego de Deza, aussi illustre que respecté de tout le monde? Les Rois l'auraient-ils toléré? Le P. Deza y aurait-il consenti? Est-ce là le jugement que méritent la tolérance éclairée, le haut mérite, la dignité si élevée du corps universitaire; de cet ensemble de maîtres savants, de docteurs érudits dont les Papes et les Princes de la terre consultaient l'opinion avec ardeur?

Les arguments d'un caractère théologique que quelques docteurs de Salamanque présentèrent à Colomb! Passons par ces arguments : convenons de leur existence : tenons-les comme certains pour un moment. Y a-t-il par hasard une chose plus naturelle que celle de voir quelques théologiens illustres, quoique peu intelligents des sciences géographiques, voulant mettre à l'épreuve le génie de Colomb, opposer à ses théories, selon la coutume scholastique de ces temps, quelques arguments tirés des textes de la Bible et des Saints Pères? Parce que ces arguments se sont, entre d'autres, produits, faut-il en déduire que ces sciences-là n'étaient pas connues à l'Université de Salamanque? N'est-il donc pas constant qu'il y avait des chaires publiques de ces sciences, et que c'étaient des professeurs illustres qui les expliquaient, publiquement, tels que Abraham Zacut, Diego de Torres, Pedro Ciruelo, Enrique de Aragon, Juan de Aguilera et d'autres? Comment supposer que ces illustres professeurs ignoraient les opinions qui circulaient déjà par le monde, sur la forme de la terre et sur l'existence de continents habités dans un autre hémisphère?

Il faut savoir, en effet, que l'idée de l'existence d'un autre continent, situé au milieu de l'Océan, ne s'était pas totalement perdue dans l'humanité; chez les anciens, cette idée s'était exprimée sous des noms et des formes diverses. Aristote parle d'une Antille, dans ses œuvres : Platon mentionne l'île Atlantide, dans son dialogue Le Timée : Pline assure que, de l'Espagne et en marchant dans la direction de l'Occident, on peut arriver aux Indes en peu de jours; et Sénèque prophétise que, avec le temps, un marin audacieux découvrira de nouveaux continents par delà des mers.

Mais ce fut dans le royaume d'Italie que cette idée se conserva principalement intacte par la tradition. Le cardinal Pietro di Sefaro la soutenait; Marco de Polo faisait de magnifiques descriptions des îles de Cipango et Cathay qu'il supposait exister dans la direction de l'Occident : le cosmographe Pablo del Pozo Toscanelli marquait sur ses cartes la distance qui, par cette voie, s'étend entre l'Europe et l'Asie. Colomb connaissait ces cartes ; Colomb connaissait plus encore ; Colomb connaissait la sphère construite par Martin Behaim de Nuremberg, la première dont on ait connaissance dans l'histoire et par laquelle se représentent la terre dans sa véritable forme sphérique, et les continents dans leur véritable situation géographique.

Si ces idées restèrent quelque temps dans l'esprit de Colomb aussi obscures et aussi vagues qu'elles apparaissaient dans la mémoire de l'humanité, les voyages durent contribuer à les fixer fermes et claires dans son âme. On sait que Colomb, il nous l'a dit lui-même, voyagea durant quarante années, à travers tous les pays et sur toutes les mers. On sait qu'en 1477, il alla en Islande, pays dont les vieilles chroniques conservent le souvenir des terres visitées par ses voyageurs sur l'autre côté de la mer. Suivant Humbold, dès le IXe siècle, les Européens faisaient ces visites. Il résulte, au moins des chroniques, qu'en l'année 986, Euric le Rouge alla dans le Groënland ; qu'en 987, Biarn arriva à l'embouchure du fleuve Saint-Laurent, qu'en 999, Leif découvrit les régions qui portent aujourd'hui le nom de Terreneuve ; que plus tard les Groënlandais découvrirent les territoires que nous connaissons aujourd'hui sous les noms de Massachusetts, New-York, New-Jersey, Delavarre, La Floride et les Carolines. Des pierres, des inscriptions, des monuments, des croix et d'autres vestiges, trouvés postérieurement, sont venus confirmer la vérité des chroniques Islandaises et démontrer la présence des Européens sur les territoires de l'Amérique.

Colomb devait connaître tout cela ; et l'on peut raisonnablement supposer que lorsqu'il se présenta en Portugal et en Espagne, et offrit aux monarques de ces deux pays la découverte d'un chemin nouveau aux Indes, il avait déjà la certitude de trouver sur son passage quelque continent ignoré. Mais Colomb ne voulait pas s'exprimer clairement sur ce point de peur qu'on ne lui dérobât son idée. Ainsi s'explique sa réserve étudiée sur certains points dans les conférences.

Les connaissances de Colomb devaient être, néanmoins, obscures et incomplètes. Il croyait fermement à la direction par l'Occident sur les Indes orientales ; mais il se trompa si grandement dans ses calculs, qu'en mettant son pied dans Hispaniola, il se figura être arrivé aux îles les plus proches de l'Asie. Il avait une conscience vague peut-être de l'existence de certaines îles dans l'Océan ; mais il ne soupçonna jamais qu'il découvrirait des continents aussi vastes que les Amériques. Enfin la science put lui démontrer la forme sphérique de la terre et la possibilité d'arriver aux côtes de l'Inde en marchant dans la direction de l'Occident. Mais la science a-t-elle pu jamais démontrer l'existence d'un continent inconnu au sein des mers? Cela était-il par hasard dans l'esprit de Colomb autre chose de plus qu'une vigoureuse intuition du génie, ou une réminiscence de souvenirs qui, à moitié effacés déjà, se conservaient encore dans la mémoire de l'Europe? Pourquoi donc s'étonner alors que quelques-uns de ses auditeurs lui aient appliqué la qualification de visionnaire? Cette qualification, ne l'avait-il pas, du moins en partie, bien méritée?

Concluons donc, en disant avec le Sr D. Antonio Gil de Zarate[2]: « Etrange aberration de l'entendement humain! Les mêmes peuples qui ont repoussé, par ignorance des bons principes géographiques, les propositions de Colomb, ont jeté cette ignorance à la figure du peuple unique qui accueillit le projet et le mena à bonne fin ; et pour cela ils ont cherché à dénigrer la bonne

1 De l'Instruction publique en Espagne, tom II ; sect. 4, chap. II.

opinion d'une Ecole célèbre où se trouvèrent, tout au moins, des maîtres capables de comprendre la grande idée du découvrenr célèbre et avec la force d'âme qui contribua si puissamment à ce que une Reine éclairée l'adoptât dans des moments d'une gêne et d'une pénurie extrêmes.

Dr Modesto Falcon y Ozcoidi,

Professeur titulaire de la Faculté de droit.

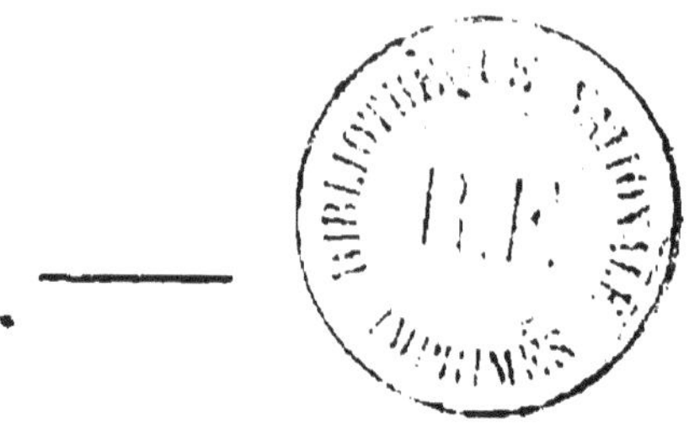

Saint-Amand (Cher). — Imp. DESTENAY, BUSSIÈRE FRÈRES

www.ingramcontent.com/pod-product-compliance
Ingram Content Group UK Ltd.
Pitfield, Milton Keynes, MK11 3LW, UK
UKHW020342230726
13925UKWH00003B/919

9 782019 150624